W0323888

Alte Berliner Läden

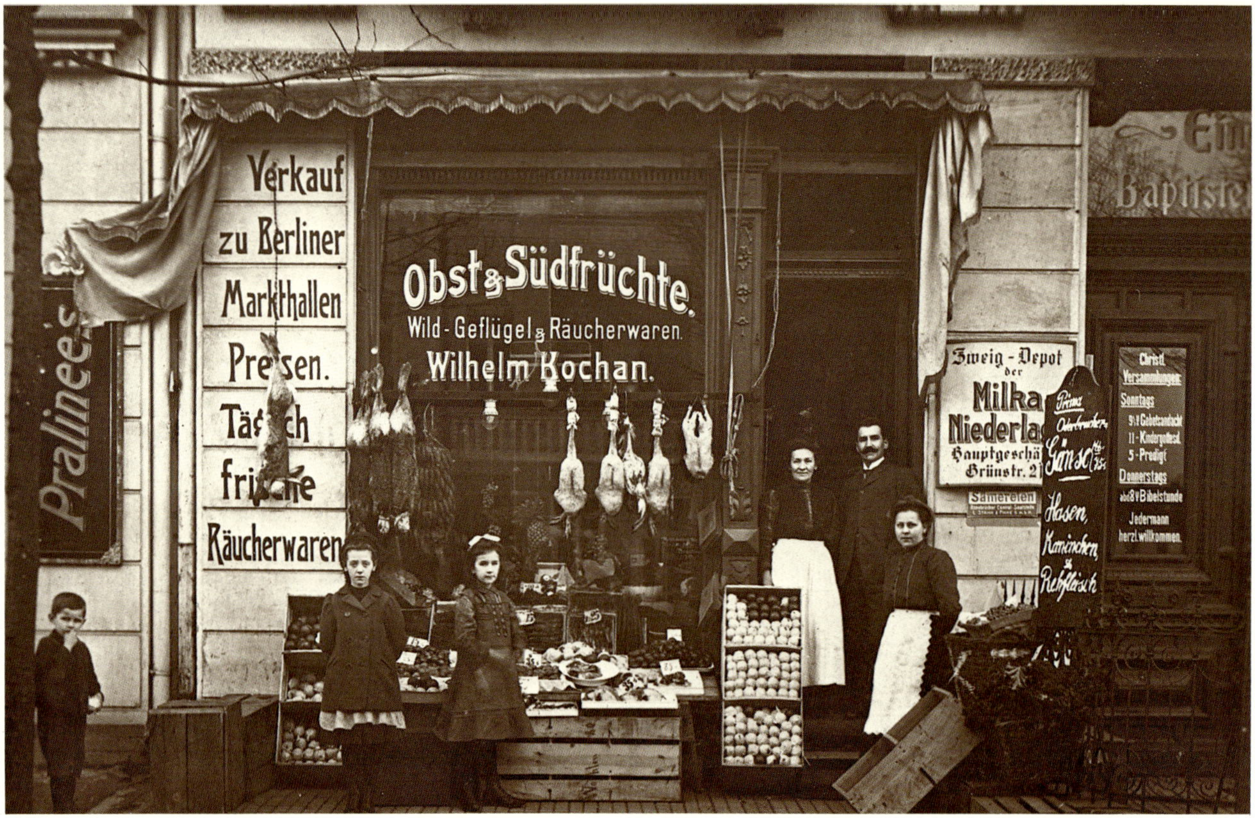
Verkauf
zu Berliner
Markthallen
Räucherwaren
Obst & Südfrüchte.
Wild-Geflügel & Räucherwaren.
Wilhelm Kochan.
Zweig-Depot
der

Alte Berliner Läden

Idee
und Konzeption
Ulrich Feuerhorst
Holger Steinle

Texte
Barbara Tietze

Nicolaische Verlagsbuchhandlung Berlin

Layout: Dieter Winzens

Umschlagfoto: Fleischerei und Wurstfabrik,
Goethestr. 81, Charlottenburg, um 1911
Titelfoto: Kolonialwarengeschäft 1910

© 1982 Nicolaische Verlagsbuchhandlung Berlin

Alle Rechte vorbehalten
Satz: Typologika Fotosatz GmbH, Berlin
Offsetlithos: O.R.T. Kirchner + Graser GmbH, Berlin
Druck: Passavia GmbH, Passau
Einband: Lüderitz & Bauer GmbH, Berlin
Printed in Germany
ISBN 3-87584-109-3

PARTERRE UND SOUTERRAIN
Beinahe vergessene Dokumente aus dem Berliner Alltag

Jahrelang lagen sie im Vertiko ganz hinten oder im Buffet. Sie haben in der Truhe überdauert oder im Pappkarton, im Keller oder auf dem Balkon. In privaten Foto- und Postkartenalben wurden sie aufbewahrt aus Gründen der Sentimentalität, und um die eigene Lebensgeschichte zu dokumentieren: Fotos aus dem alten Berlin, die von individuellen und doch sehr alltäglichen Schicksalen erzählen, von Mietshäusern und kleinen Geschäften, von Werkstätten und Kneipen, ihren Inhabern und den Passanten auf Berliner Straßen.

Haus- und Geschäftsfassaden wurden von Max Piepenhagen oder Heinrich Lottermoser abgelichtet, die sich von Hausbesitzern und Geschäftsleuten rufen ließen und die entsprechenden Bilder in Form von Postkarten auch auf Nachbestellung vertrieben. Die weitaus meisten solcher Fotopostkarten, die jetzt wieder auf Flohmärkten und in Trödelläden gehandelt werden, stammen jedoch von anonymen Straßenfotografen, die mit ihrer Kamera von Haus zu Haus zogen, immer auf der Suche nach einem Motiv, das sie in möglichst vielen Abzügen verkaufen konnten.

Die Ergebnisse dieses privaten Arbeitsbeschaffungsprogramms dokumentieren jedoch weit mehr als Orte von lediglich privatem Interesse. Sie zeichnen das Kapitel einer Stadtgeschichte, das deshalb so besonders ist, weil es vom Alltäglichen und gerade nicht Besonderen handelt. Es hat seine Logik, daß wir mehr wissen über den Kaiser als über den Mann auf der Straße, mehr über das Warenhaus als über den kleinen Laden, mehr über die Passagen und luxuriösen Fachgeschäfte als über das Leben in den Berliner Quartieren. Auch das andere Extrem fand seine zeitgenössische Dokumentation und damit Eingang in die Geschichtsbücher, das elende, steinerne Berlin der Mietskasernen und Hinterhöfe, die Armut und die Entbehrung. Wenig indes weiß man von den kleinbürgerlichen Umständen, die nicht spektakulär und sensationell waren. Um die aber geht es in diesem Buch.

Die alten Fotos erlauben uns einen ungeschminkten Einblick in den Alltag der Großstadt. Die Fassaden und Auslagen der kleinen Geschäfte geben Zeugnis von den Bedürfnissen ihrer Kunden. An der Art der angebotenen Produkte, ihrer Dekoration und der Werbemittel lassen sich ebenso wie an Habitus und Kleidung der Kunden, Verkäufer, Lieferanten und Passanten Lebensgewohnheiten erkennen, aber auch die sozialen und technischen Randbedingungen des Lebens in einer Stadt, die zu ihrer Zeit als das am dichtesten besiedelte Gebiet der Welt gelten muß.

Man hat das Berlin der Jahrhundertwende gelegent-

lich mit der Einwandererstadt New York verglichen. Ein Menschenschlag lebte hier, der häufig aus anderen Regionen aufgebrochen war, um einen neuen Anfang zu machen. Gemeinsam war diesen Neuberlinern der Wille voranzukommen, sozial aufzusteigen, sich einen Besitz zu schaffen, und sei es nur einen kleinbürgerlichen Anschein von Besitz, den man auf Raten abzahlte. Kulturelle Bedürfnisse, selbst die Kultur der Küche, blieben hinter diesem Programm zurück, um einen Nachholbedarf zu schaffen, der im Berlin der 20er Jahre vehement hervorbrach.
Viele jedoch mußten in ihrem Bemühen, das Elend zu verlassen, trotz aller Anstrengungen weiterhin mit einem Existenzminimum wirtschaften. Die kleinen Läden mit ihrem bescheidenen Angebot spiegeln den Lebensstandard von Kleinbürgern und Arbeitern wider. Entscheidenden Anteil am Überleben der Familien hatten die Hausfrauen, während die Männer oft genug vor der häuslichen Enge in die Berliner Kneipe flüchteten und dort ein Geld, das zu Hause dringend fehlte, in Bier und Schnaps umsetzten.
Ein genauer Blick auf die nachfolgenden Bilder zeigt, daß das Idyll nicht immer idyllisch war. Romantische Gefühle, auch wenn sie von vielen geteilt werden, taugen nicht, um die alten Zeiten korrekt zu beschreiben. Umstände, die uns als Merkmal von Lebensqualität erscheinen, sind vielleicht auch als Belastung einzuschätzen, und umgekehrt mögen Lebensbedingungen, die uns als unannehmbar erscheinen, auch einen positiven Beitrag für das Leben in der Stadt leisten.
Nachbarschaften, wie sie durch die persönlichen Kontakte zwischen Stadtbewohner und Kolonialwarenhändler, durch das enge Miteinander von Ladengeschäften und Mietwohnungen, von Werkstatt und Hinterhof entstehen, erscheinen uns als Faktor der sozialen Sicherheit, als positives Moment der Geborgenheit. Zeitgenossen hingegen schildern ihre Bemühungen, aus der sozialen Kontrolle durch diese Art Nachbarschaft auszubrechen. Wir lernen daraus, städtisches Leben in der Öffentlichkeit der Straße ist nicht ohne Rücksicht auf die anderen Lebensumstände der Zeit und der Stadt einzuschätzen.
Den Fotos werden jeweils kurze Erläuterungen zugeordnet, die Ausschnitte aus dem komplexen wirtschaftlichen und sozialen Geschehen, um das es hier geht, herausheben. Wir arbeiten nicht mit den Mitteln der Wissenschaft, sondern mit den Mitteln der Assoziation. Nur so glauben wir, der Vielschichtigkeit des Alltäglichen, das das Thema der nachfolgenden Bilder ist, gerecht werden zu können.
Belastungen und Freuden entstehen nicht eigentlich beim Einkauf, sondern sie entstehen beim Einkauf erst vor dem Hintergrund des gesamten alltäglichen Lebens. Wir pflegen die Wehmut, wenn wir zurückdenken. Die „gute alte Zeit" jedoch ist ein Gerücht, das entsteht, weil wir bekanntermaßen dazu neigen, das, was nicht so gut war, zu vergessen. Wir erinnern uns an die positiven Ausschnitte unserer eigenen Geschichte, lösen sie ab von den Randbedingungen und legen sie an als Maßstab an mißliebige aktuelle Situationen.
Für die Einschätzung städtischer Versorgung mit Ladengeschäften spielen Arbeiten und Wohnen eine Rolle, das Straßengeschehen hängt u. a. mit den arbeitsfreien Zeiten und mit der Verteilung von Pflichten auf Frauen, Männer und Kinder zusammen. Lebensqualität läßt sich so besehen kaum als Eigenschaft einer individuellen Situation bestimmen. Der Rückgriff auf das Alte zur Bewertung des Neuen bleibt notwendigerweise polemisch.
Und doch ist der Vergleich zwischen Vergangenheit und Gegenwart gelegentlich legitim. Mit den persönlichen Beziehungen zwischen den Kaufleuten und ihren Kunden mögen wir die Anonymität und unsere Orientierungslosigkeit in den modernen Supermärkten vergleichen, mit den nachbarschaftlichen Gesprächen beim Milchmann unsere Aufenthalte vor Kassen, die nach dem Prinzip des Fließbandes organisiert sind.
Die Belastungen beim täglichen Einkaufen von damals sind nicht die Belastungen beim täglichen Einkaufen von heute, doch in einem sind sich die Situationen gleich: sie sind ein Abbild der Umstände, von denen das Leben insgesamt geprägt wird.
Der Rückblick läßt uns das, was nachteilig ist an unserer eigenen Situation, ebenso wie das Vorteilhafte, besser erkennen. Daß sich immer mehr Leute den Belastungen verweigern, die den Alltag der modernen Großstadt negativ beeinflussen, erkennt man heute auch daran, daß kleine Läden und individuelle Dienstleistungen wieder Konjunktur haben.

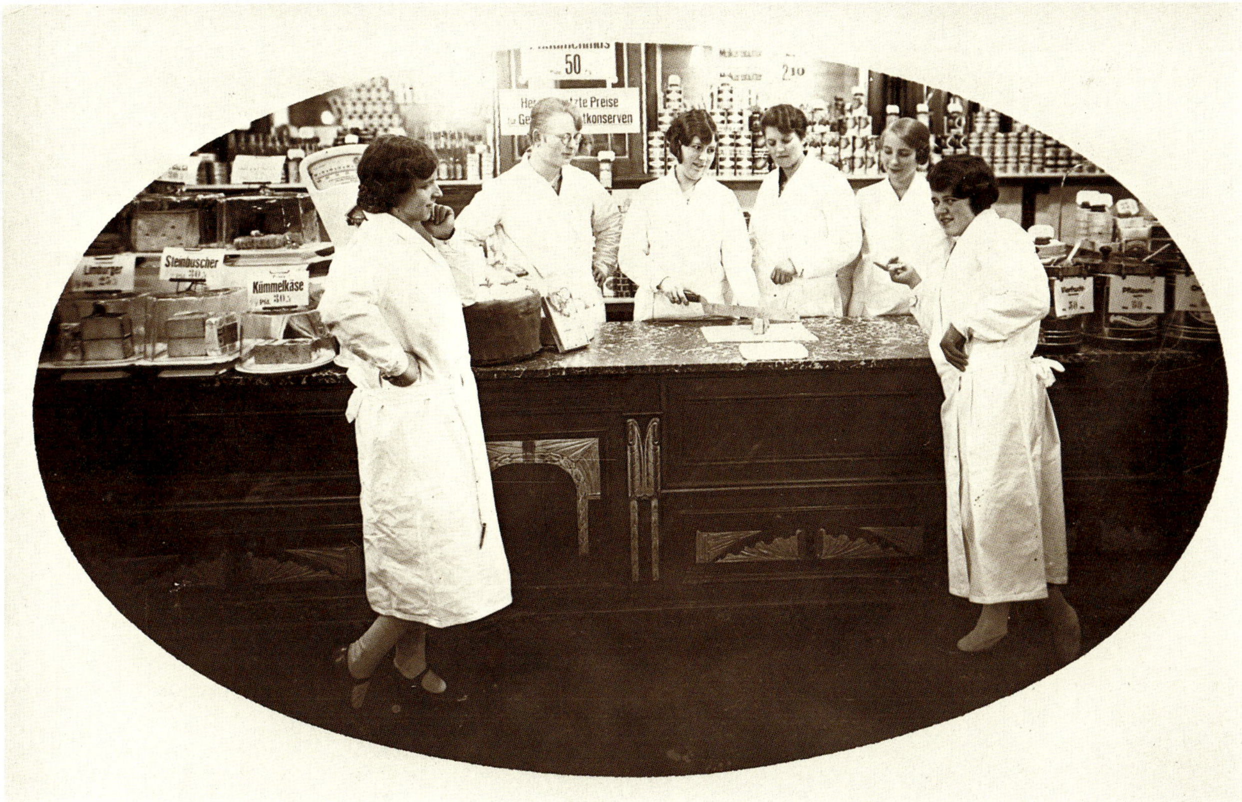

Verkäuferinnen in einem Delikatessengeschäft, 1930

Die angestellten Verkäuferinnen verdienen oft kaum mehr als die Hälfte ihrer männlichen Kollegen. Dennoch empfinden es viele dieser Frauen als Chance und als Aufstieg, in einem renommierten Geschäft zu verkaufen. Trotz eines zehn- bis zwölfstündigen Arbeitstages besuchen viele von ihnen nach Feierabend Fortbildungskurse für Verkaufskunst und Schaufenstergestaltung, wie sie von Privatlehranstalten angeboten werden.

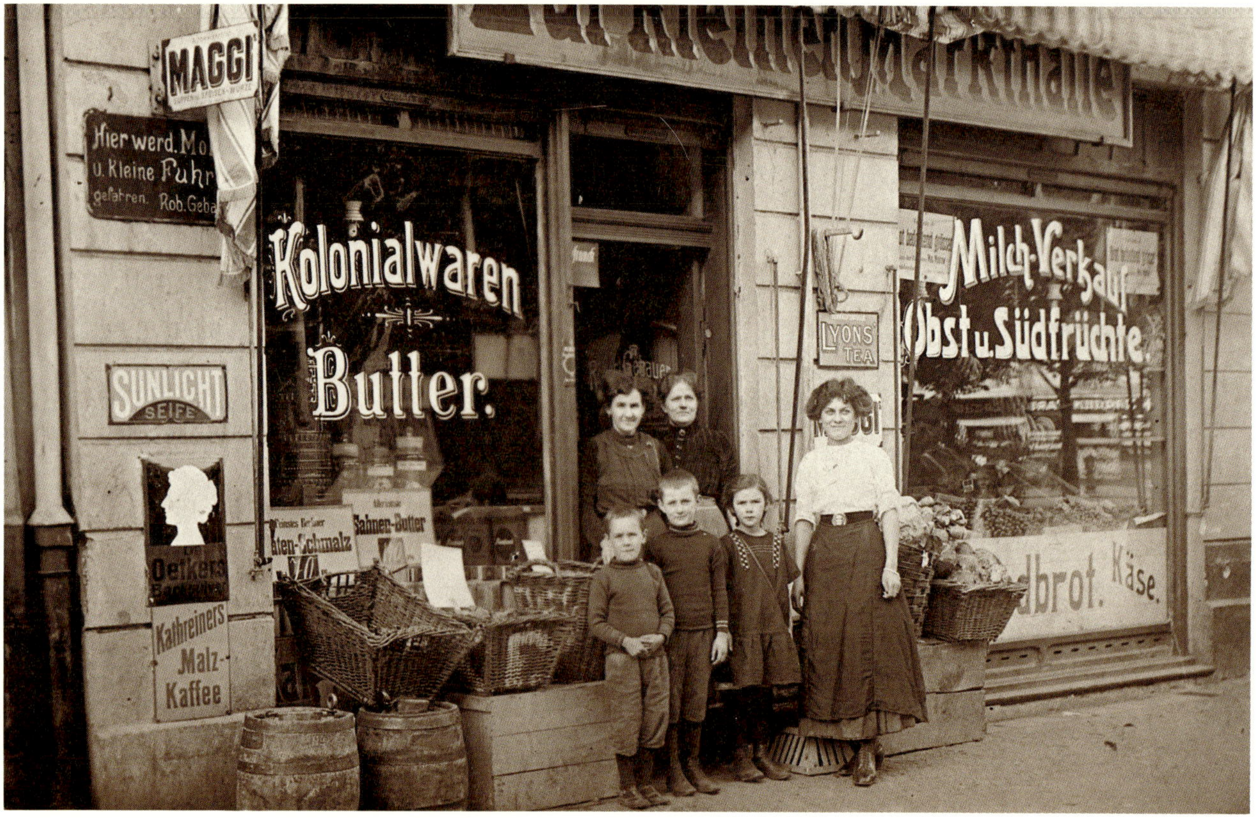

Kolonialwarengeschäft, Koloniestraße 120, Wedding, 1908

„Colonialwaaren: – die rohen Produkte der ost- und westindischen Colonien, namentlich Kaffee, Zucker, Tabak, Thee, Reis, Gewürze, Spezereien, Baumwolle, auch wohl Farbe und Möbelhölzer, Arzneimittel. Seit der Ansiedlung der Holländer und Engländer in West- und Ostindien zu Anfang des 18. Jahrhunderts hat sich der Absatz der Colonialwaaren, die früher nur Luxusgegenstand und Genußmittel der Reichen waren, sehr vermehrt, und sie sind Bedürfnis auch der Ärmsten in Europa geworden." (Definition aus einem Konversationslexikon von 1875)

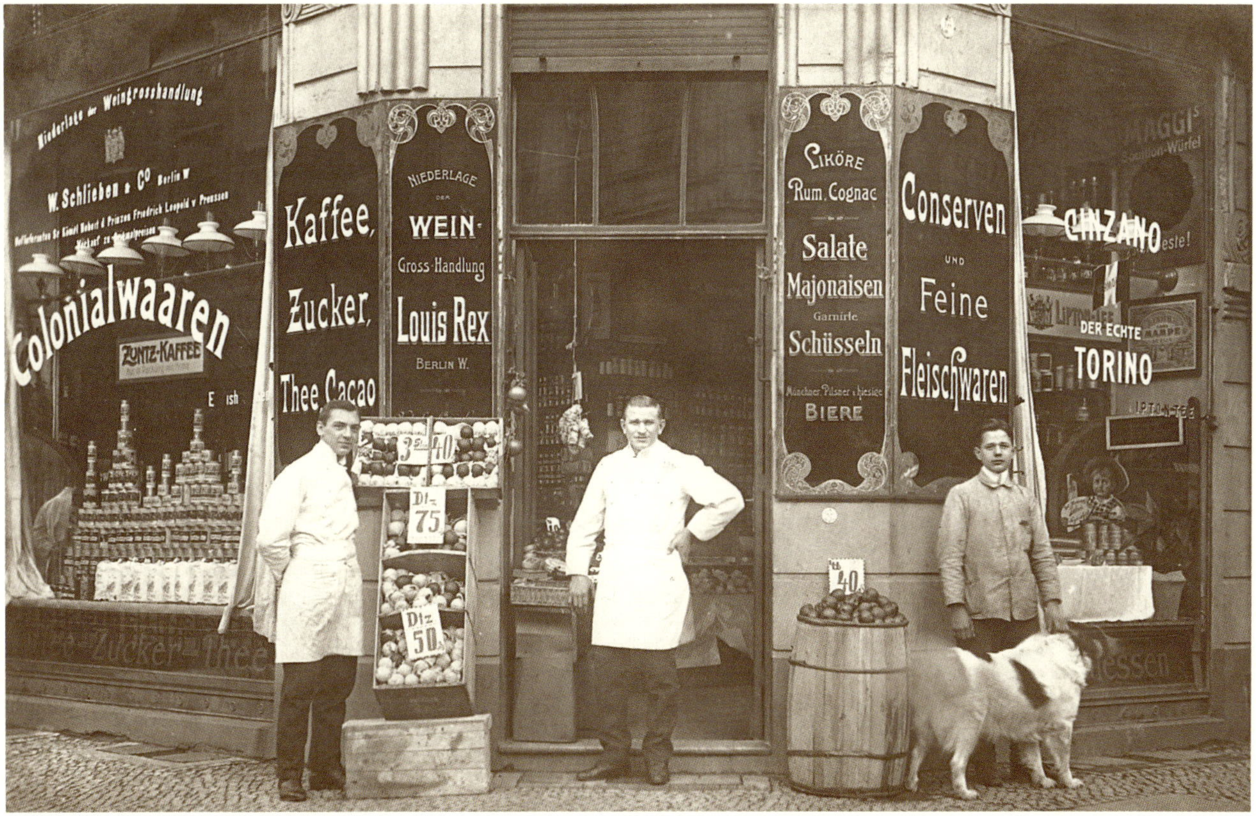

Kolonialwarengeschäft um 1913

Man gibt sich weltmännisch, verweist auf Beziehungen zum preußischen Hof und englische Sprachkenntnisse. Besonders extravagant ist die Kleidung der Verkäufer: eine weiße Jacke mit Stehkragen und eine kurze Halbschürze. Als „Niederlage" verschiedener Weingroßhandlungen ist dieser Laden berechtigt, Wein vom Faß auf Flaschen zu ziehen.

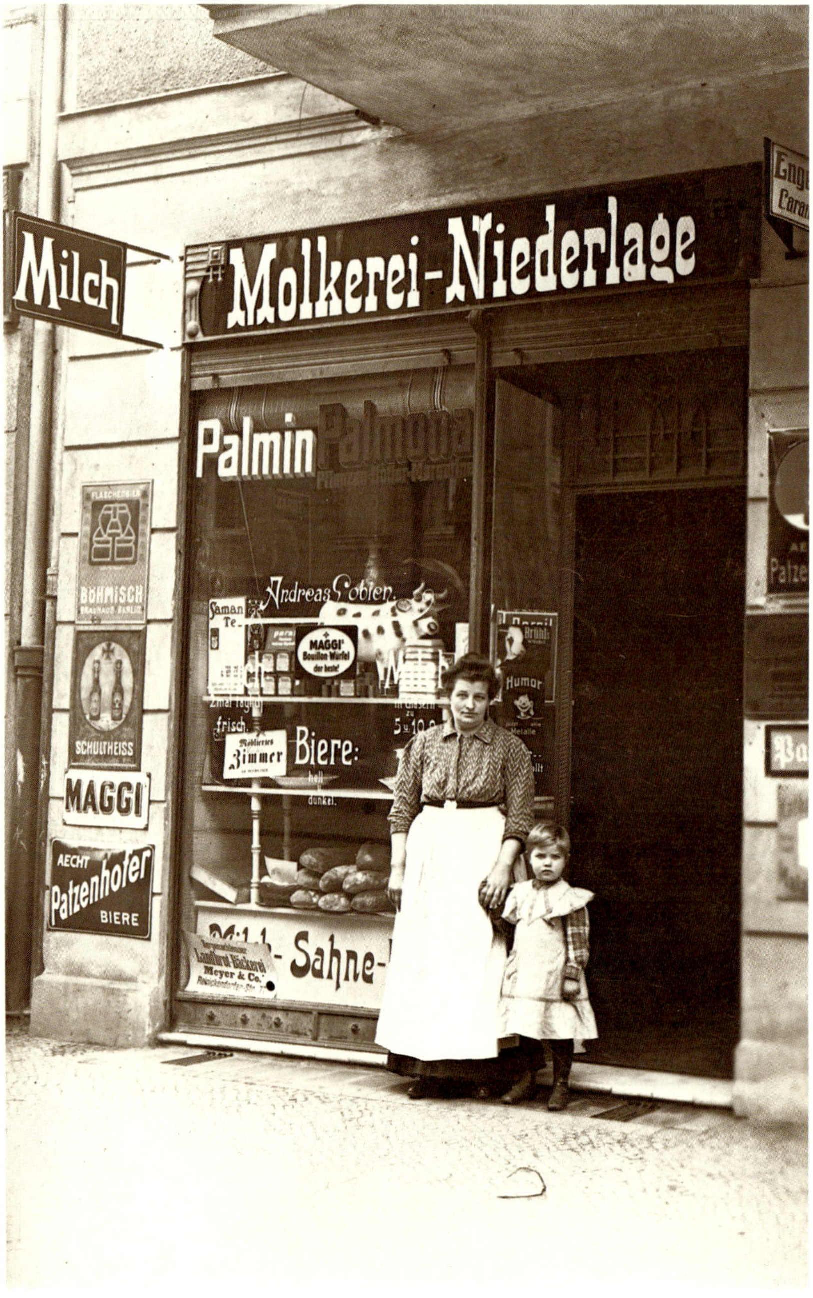

Auf der Fassade neben Eingang und Schaufenster werden stabile und wetterfeste Schilder angebracht, auf denen Hersteller von Markenartikel für ihre Produkte werben. Mit der Neuentwicklung von Verfahren zur serienmäßigen Herstellung von Emailleschildern hatten sie ihre Form der Selbstdarstellung gefunden. Man kalkulierte mit dem dauerhaften und langlebigen Image.

Milchgeschäft um 1906

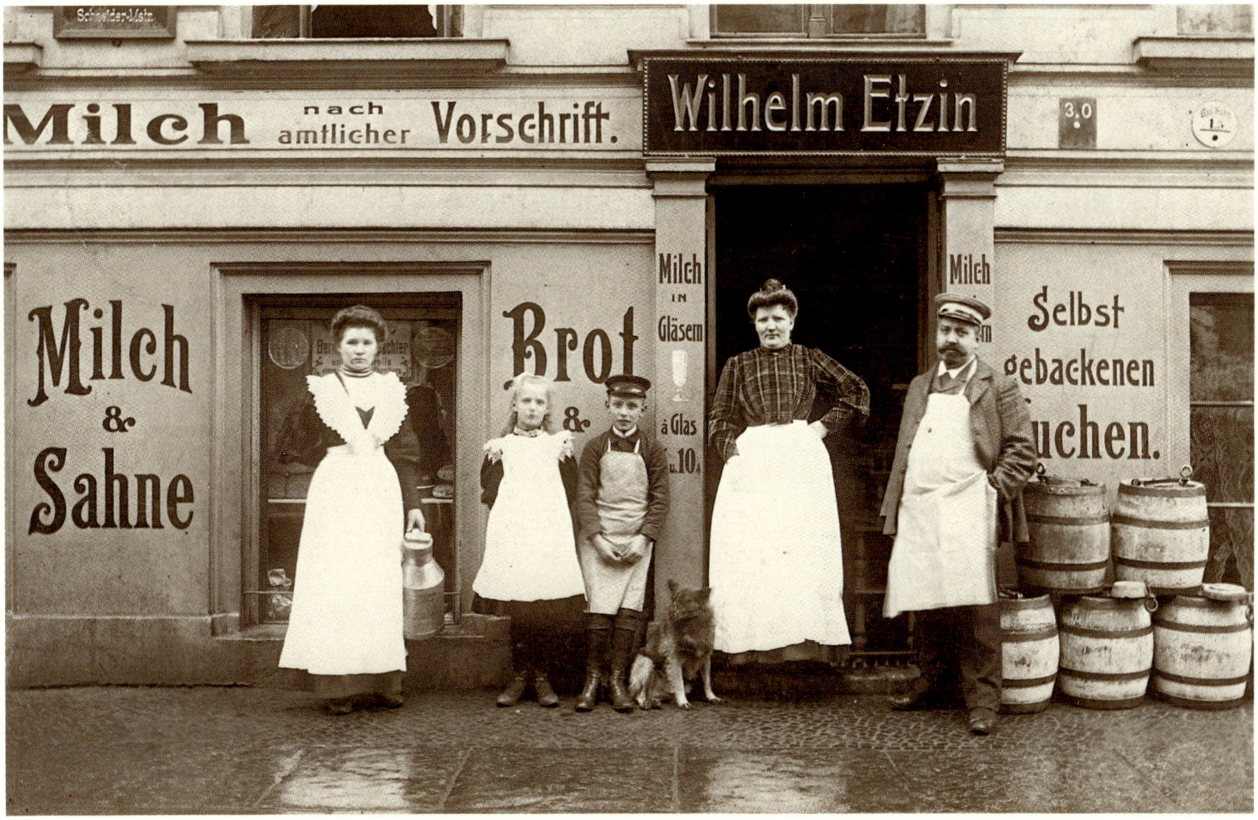

Milchgeschäft, Lausitzer Straße 38, Kreuzberg, 1908

Die Milch im Glas kostet 1908 einen Groschen. Die Souterrainlage des Milchladens bewährt sich im Sommer. Hier ist nicht nur die Miete niedrig; die Milch bleibt auch länger frisch. Erst nach dem Ersten Weltkrieg wurden in den Berliner Gewerbebetrieben elektrisch betriebene Kühlschränke und Kühlsysteme eingesetzt, die die sommerlichen Probleme mit der Milch und anderen Lebensmitteln auf moderne Art lösten.

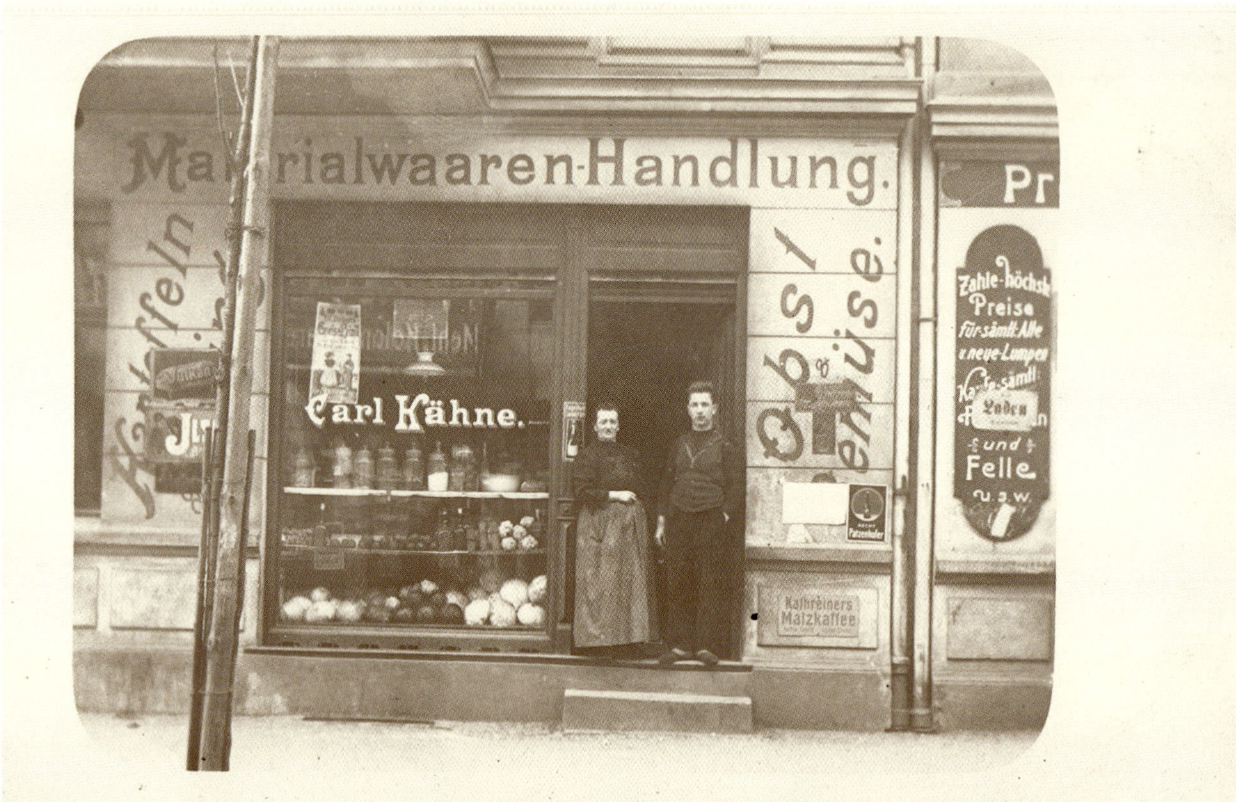

Obst-, Gemüse- und Lebensmittelhandlung, Scharnweberstraße 64, Lichtenberg, 1905

An den Warenangeboten lassen sich Lebensgewohnheiten erkennen. Man aß Pellkartoffeln mit Quark und Leinöl, Kohl, Grütze oder Hering. Am Sonntag gab es gelegentlich schon einmal Rinderbrust mit Bouillonkartoffeln oder Eisbein mit Erbspüree und Sauerkraut. Man trank Malzkaffee, und wenn es einmal Bohnenkaffee gab, wurde der schwache Aufguß mit Zichorie dunkel gefärbt.

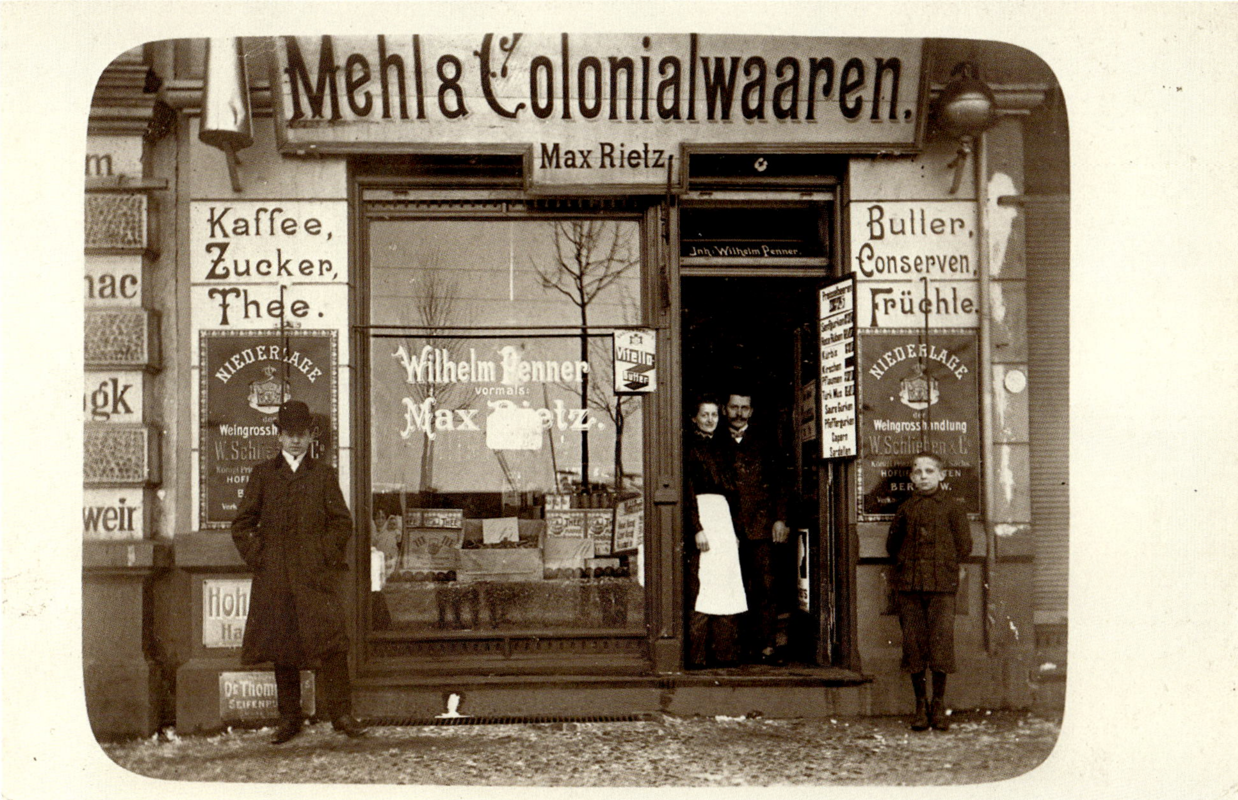

Kolonialwarengeschäft, Stralauer Straße 17 c, Friedrichshain, 1904

Auf Betreiben der deutschen Landwirte wurde 1897 das Margarinegesetz verabschiedet. Um jede Verwechselbarkeit auszuschließen, schrieb es vor, daß Margarine anders als Butter stets nur in Würfel- oder Kübelform abgepackt verkauft werden durfte. Auch war es untersagt, Margarine in Orten über 5 000 Einwohner im selben Raum wie Butter zu verkaufen. Die Rechtsprechung jedoch ging bald noch weiter; jeder Vergleich der Margarine mit Butter wurde der Werbung verboten. Reklameschilder, wie „Vitello-Margarine – bester Butter-Ersatz", mußten entfernt werden.

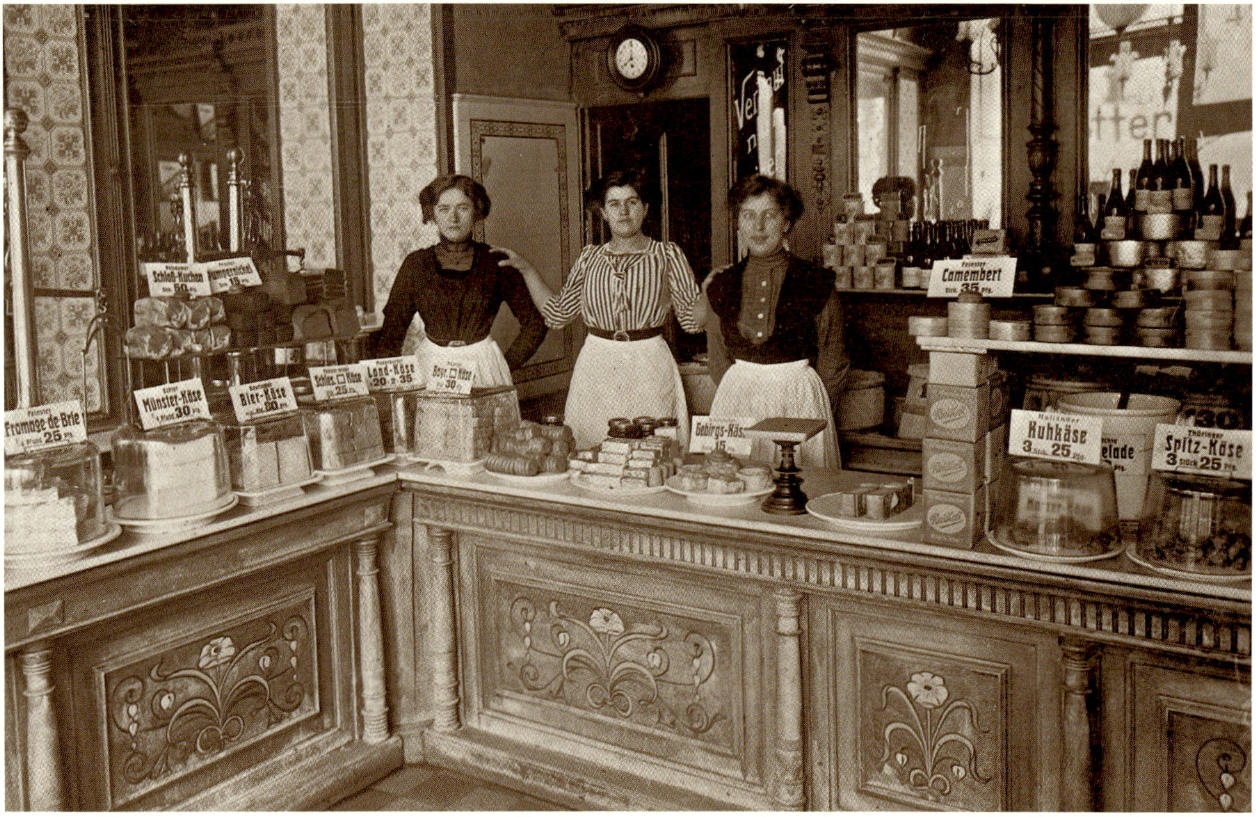

Verkaufstheke eines Delikatessenladens in der Badstraße, Wedding 1912

Die Volkszählung von 1905 ergab, daß Berlin mit 77 Einwohnern je Grundstück die dichtest besiedelte Stadt der Welt war. In einem einzigartigen Boom wuchs die Bevölkerung in und um Berlin innerhalb von 35 Jahren um mehr als das Dreifache. Während in einem Radius von 15 Kilometern um das Berliner Rathaus 1875 1 132 000 Menschen wohnen, sind das 1910 bereits 3 708 000. Um diese Leute mit frischen Lebensmitteln zu versorgen, mußten von seiten des Handels wie auch von seiten der öffentlichen Hand erhebliche Anstrengungen unternommen werden.

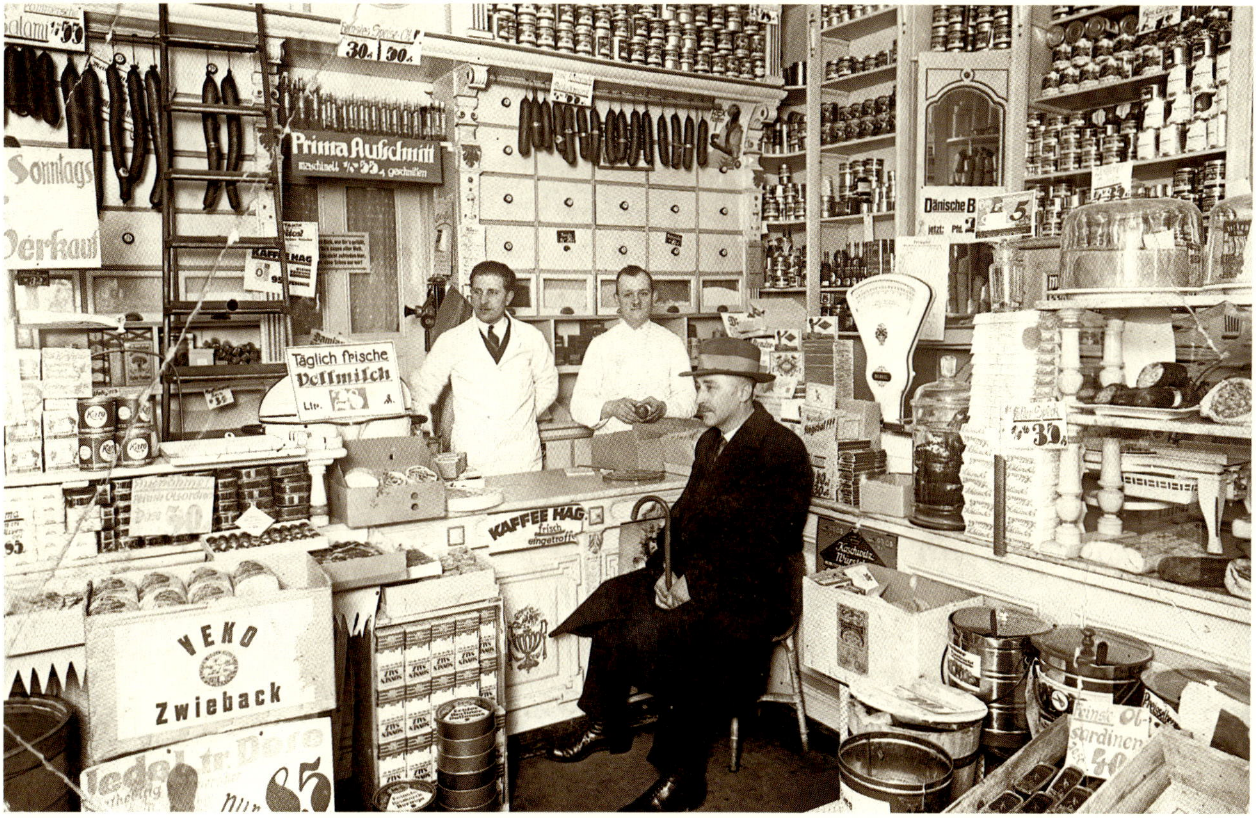

Lebensmittelhandlung in der Kaiser-Friedrich-Straße, Schöneberg, um 1928

Noch ist der Kolonialwarenladen nicht nur ein Ort des Einkaufs, sondern auch des Gesprächs. Doch schon hat sich das Warenangebot radikal geändert. Mit und nach dem Ersten Weltkrieg nimmt die Konservierungsindustrie einen enormen Aufschwung. Die Lebensmittel überstehen lange Transporte und Lagerungen. Das Angebot wird immer unabhängiger von Klima und Jahreszeit.

Das Kinderschutzgesetz von 1903 verbot lediglich die Beschäftigung fremder Kinder unter 12 und eigener Kinder unter 10 Jahren. Entsprechend früh halfen die Kinder im elterlichen Geschäft mit. Sie übernahmen Botendienste, putzten den Laden und standen gelegentlich, wenn auch auf einer Fußbank, so doch hinter dem Tresen, um die Kunden zu bedienen.

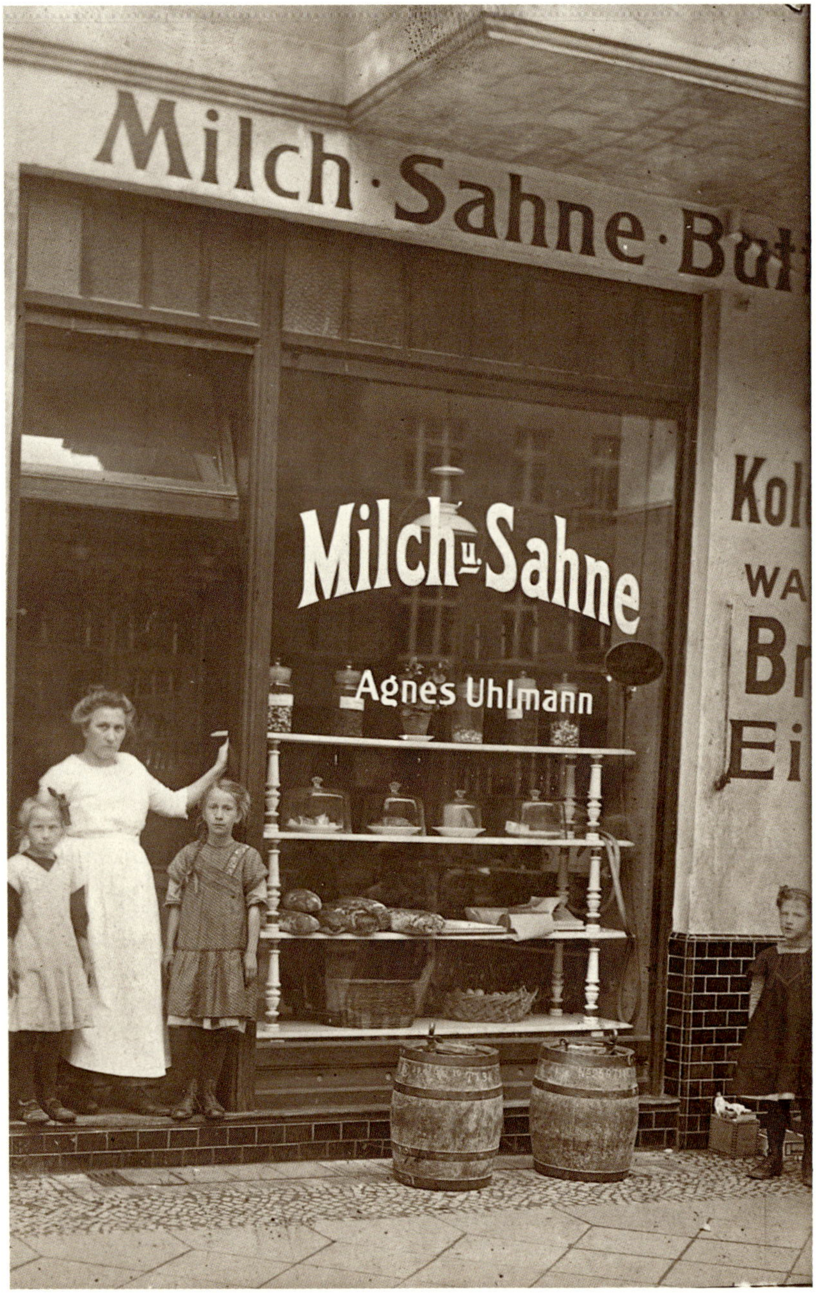

Milchgeschäft, Bodestraße 34, Rixdorf, um 1911

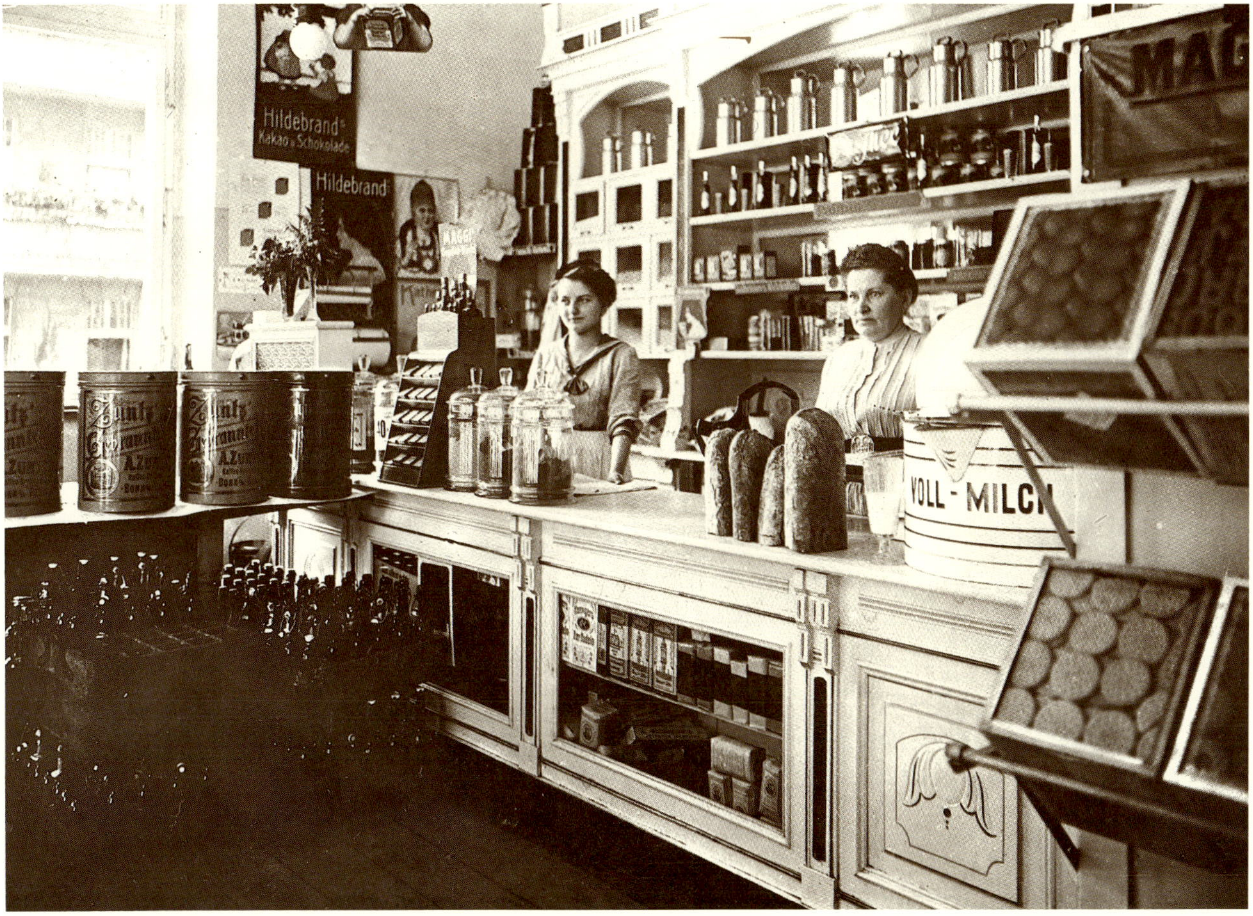

Innenansicht eines Kolonialwarenladens um 1910

Immer mehr Berliner trinken ihr Bier aus der Pfandflasche. Lag der Anteil des Flaschenbieres an der Gesamtproduktion Berliner Bierbrauereien um 1900 noch bei ungefähr 25 %, wird um 1914 fast 40 % des verkauften Bieres aus Flaschen getrunken. Diese kommen über den Kolonial- und Gemischtwarenhandel auf den Markt, der damit dem Gaststättengewerbe eine ernst zu nehmende Konkurrenz macht.

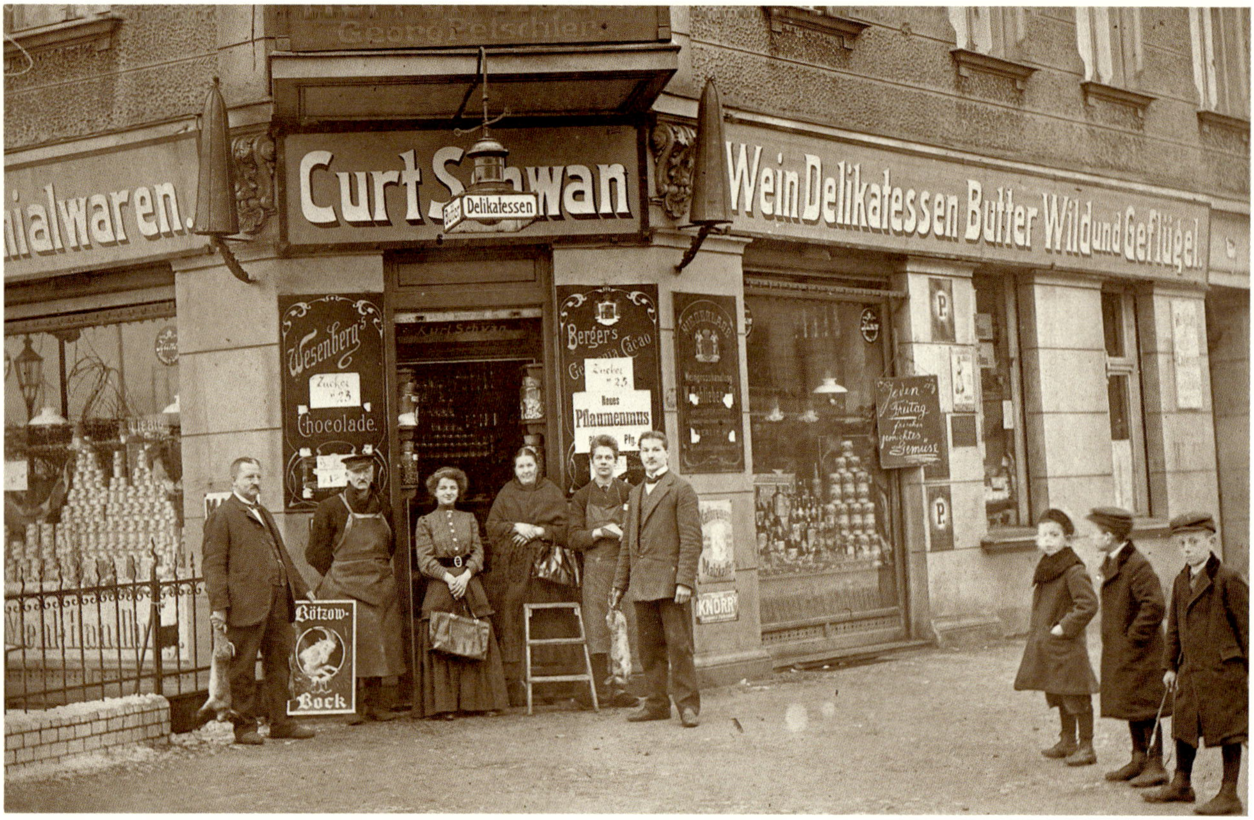

Delikatessengeschäft, Lynarstraße 29, Wedding, um 1911

Viele Lebensmittelhändler hatten „ihre" Bauern, die ein- oder mehrmals die Woche frisches Gemüse anlieferten. Im Frühjahr wurden im Märkischen Hasen gejagt, die über diesen Weg auch in Berlin zum Verkauf kamen. Zum Hasenbraten machte die Berliner Hausfrau eine Soße aus gehackten Schalotten, Zucker, kleinen Rosinen und Gewürz.

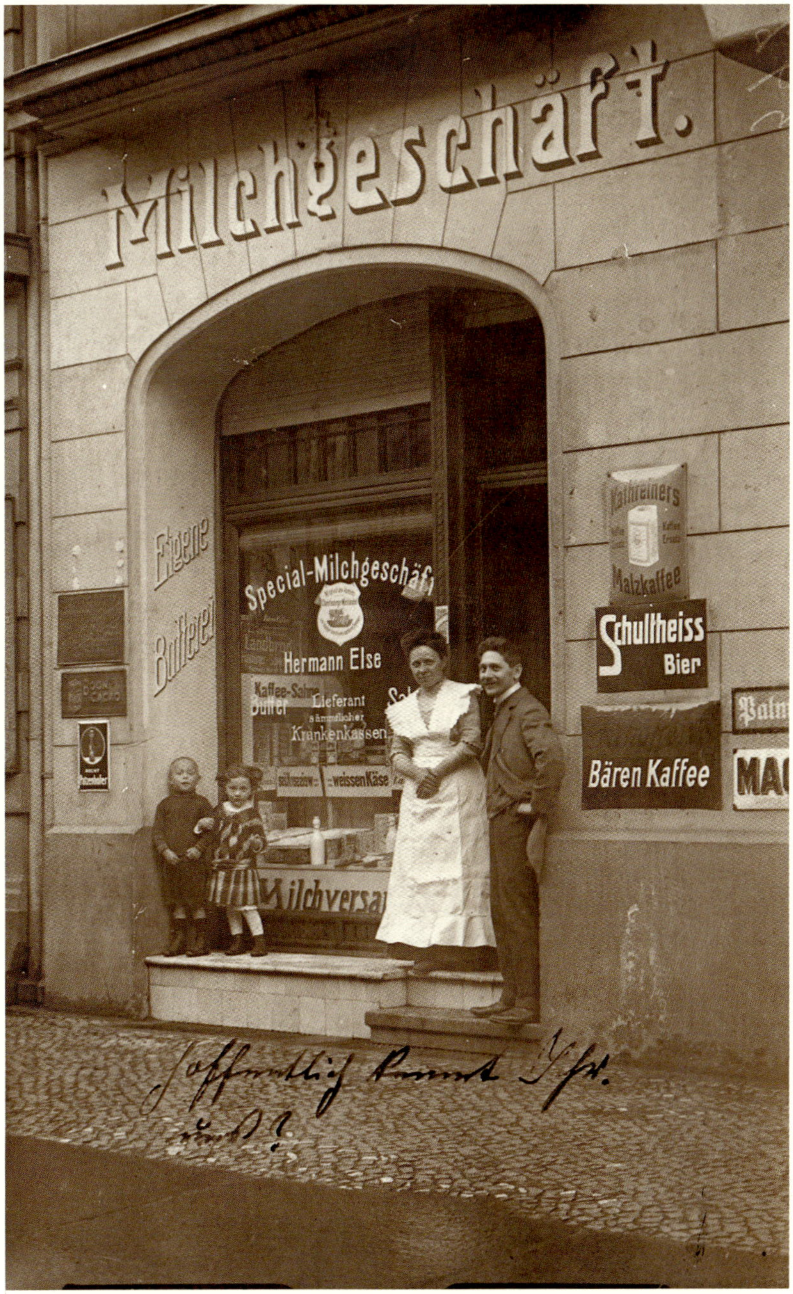

Milchgeschäft, Friedbergstraße 6, Charlottenburg, um 1910

Nicht nur auf den Handel, sondern auch auf die einwandfreie und hygienische Milcherzeugung verwandte man große Mühe. Milch von tierärztlich besonders beaufsichtigten Kühen wurde in Flaschen versiegelt und kam als „Kindermilch" in den Handel. An tuberkulosekranke oder - gefährdete Kinder wurde die Milch auch auf Krankenschein abgegeben.

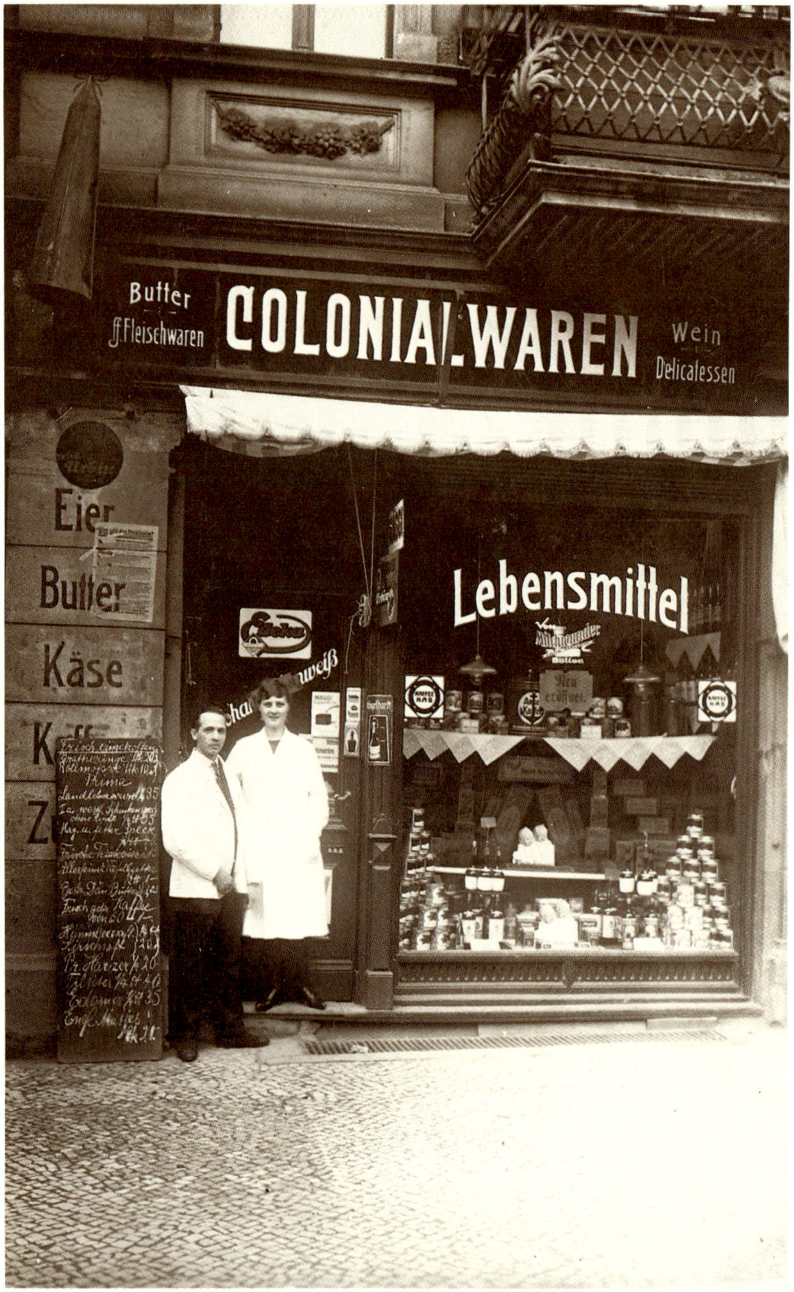

Schon 1907 schlossen sich zahlreiche Lebensmittelgeschäfte zur „Einkaufsgenossenschaft deutscher Kaufleute", EDEKA, zusammen. Durch gemeinsamen Großeinkauf und gemeinsame Werbeaktionen wollte man der Konkurrenz der Warenhäuser, Markthallen und Konsumenteneinkaufsgenossenschaften begegnen. Durch diese Rationalisierung des Absatzes wird die Massenware und der Markenartikel begünstigt.

Lebensmittelgeschäft um 1920

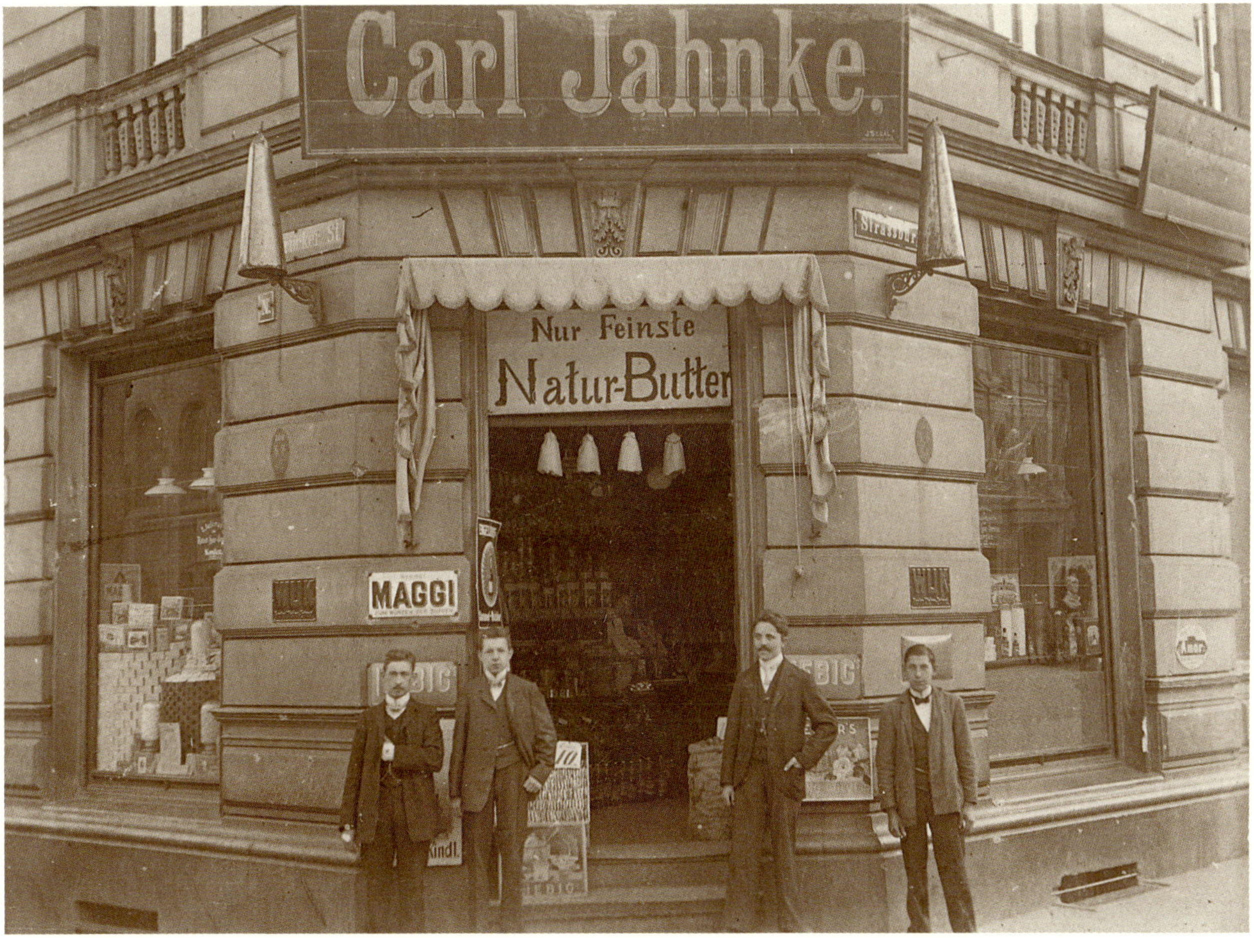

Milchgeschäft, Strassburger Straße, Ecke Saarbrücker Straße, Prenzlauer Berg, 1903

Das Wahrzeichen der Lebensmittelhändler war der Zuckerhut aus weißem Blech. Der Zuckerhut ist ein frühes Fertigprodukt, das auf physikalischem Wege gewonnen wird. Mit der Jahrhundertwende beginnt die große Zeit der Lebensmittelchemie. Ihre Produkte heißen z. B. Maggi oder Liebig, Palmin, Vitello oder Sanella. Innerhalb weniger Jahre wurde aus der Margarine ein Volksnahrungsmittel.

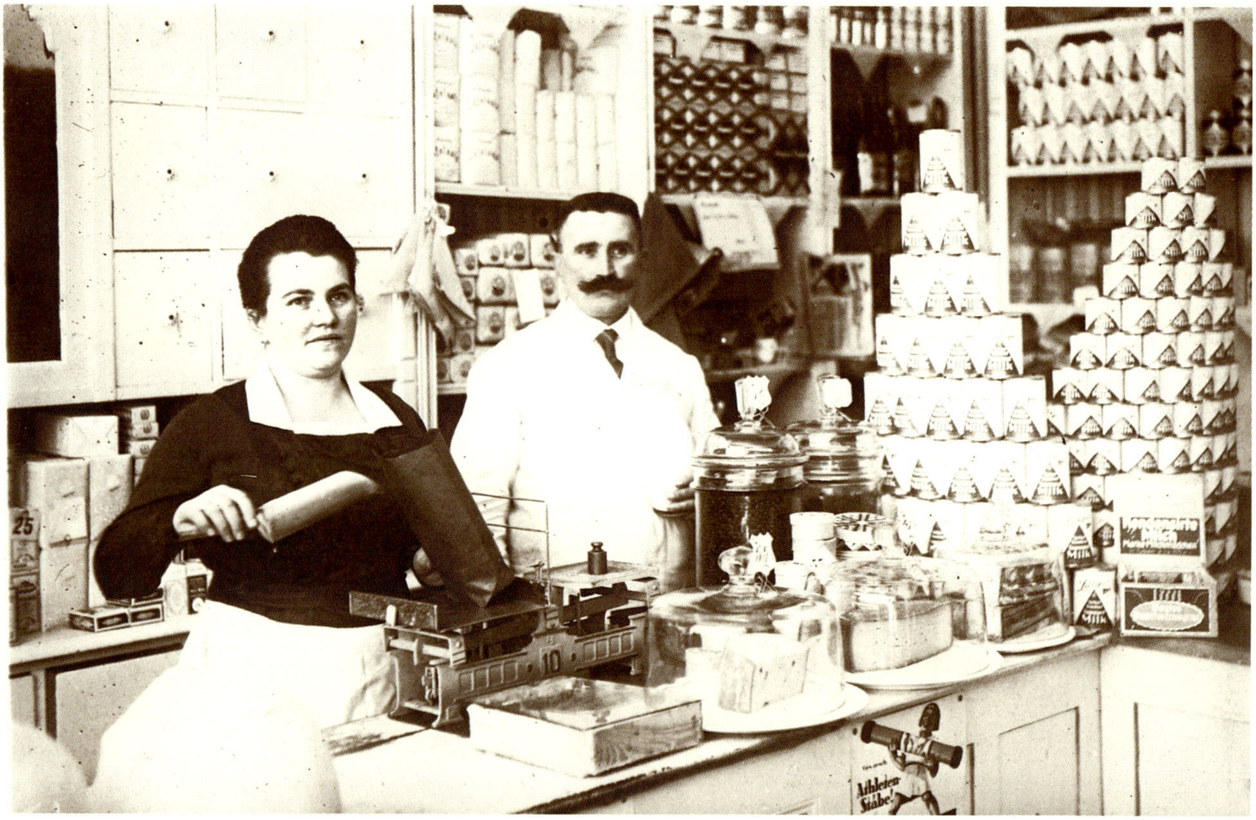

In einem Milchgeschäft, Senefelder Straße 8, Prenzlauer Berg, 1925

Schon bald wird die alte Kaufmannswaage unwichtiger und durch einfacher zu handhabende Wiegesysteme abgelöst, zumal die Fertigpackungen zunehmend die lose Ware verdrängen. Mit dem Requisit aus dem Krämerladen geht aber auch eine Epoche zu Ende, in der der Umstand, der die Zeit raubt, auch die Zeit schenkt für ein persönliches Wort.

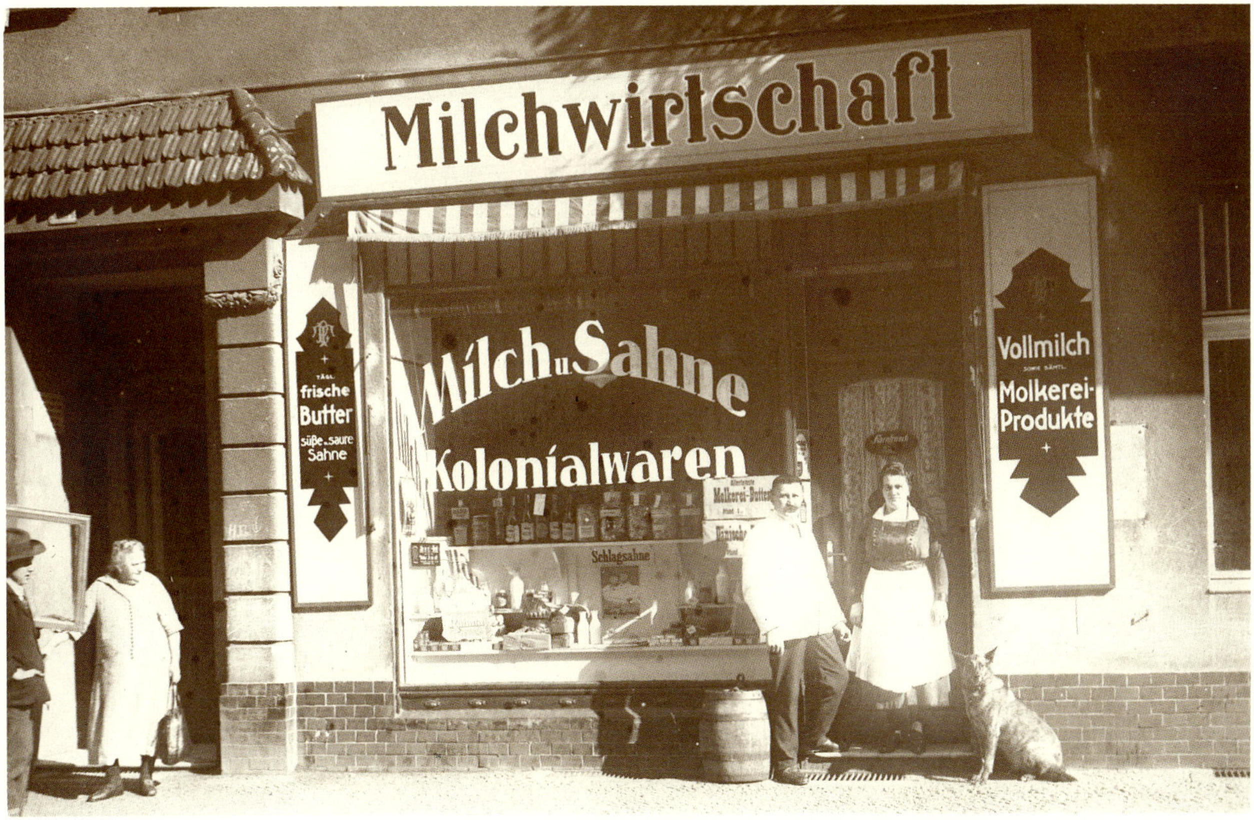

Milchgeschäft, 1925 (vgl. Abb. S. 22)

Zum Milchmann ging man mit einer emaillierten Milchkanne. Die lose Milch wurde aber auch in Milchflaschen abgegeben. Diese hatten einen besonders breiten Flaschenhals, den man mit einem runden Pappdeckel verschloß. Entwickelt wurde diese Form der Pfandflasche schon vor dem Ersten Weltkrieg von dem gemeinnützigen Verein für Milchausschank, damit die Milch besser eingeschenkt und man aus der Milchflasche besser trinken konnte.

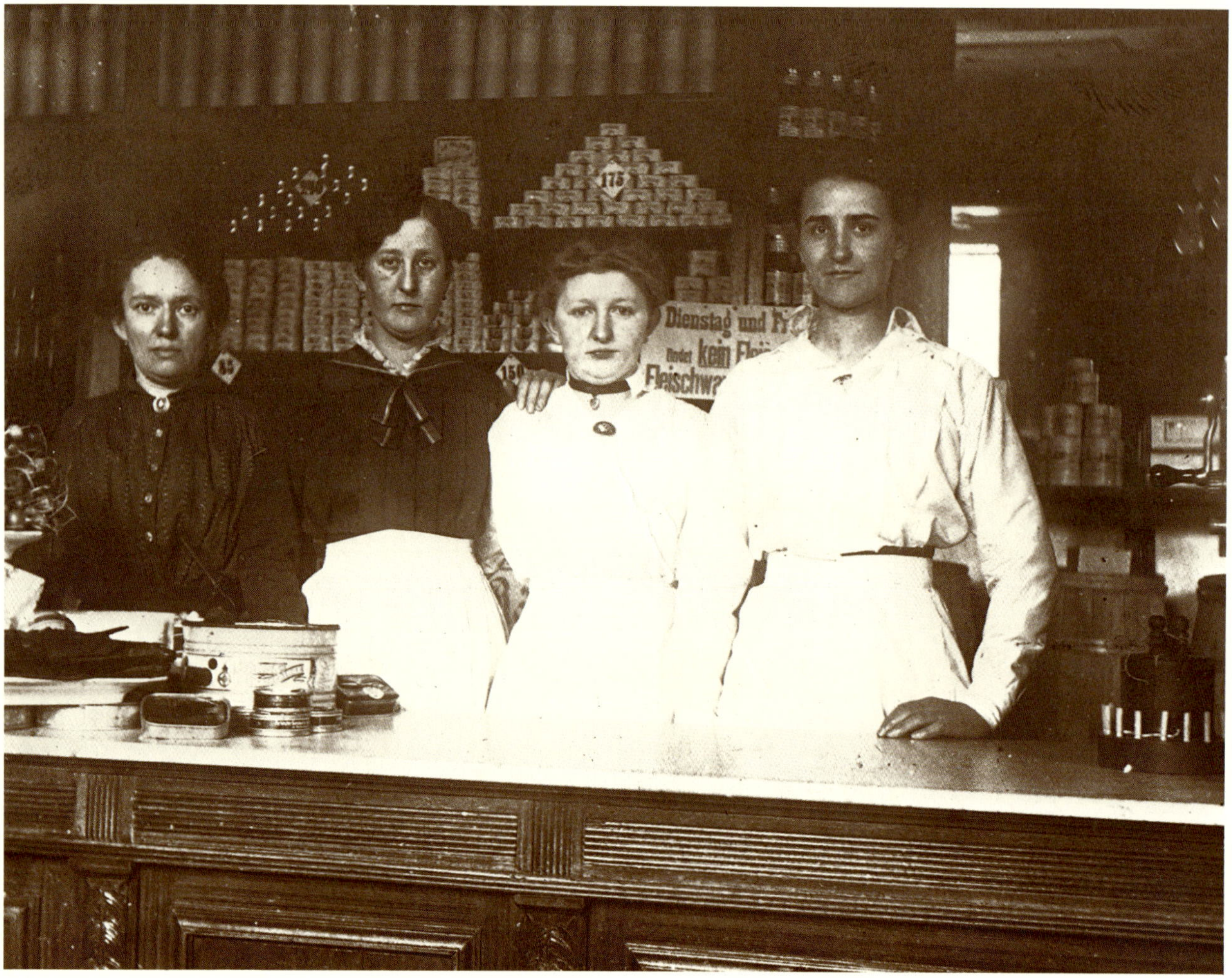

In einer Lebensmittelhandlung um 1915/16

An die Mitarbeit gewöhnt, treten die Frauen im Einzelhandel 1914 ganz und gar an die Stelle der Männer, die in den Krieg ziehen. Das stark verringerte Angebot wird erst durch Lieferbeschränkungen und dann durch Bezugsmarken rationiert. Die Ernährungslage der Bevölkerung ist katastrophal. Im Verhältnis zum Friedensverbrauch mußten die Berliner mit 20% Fleisch, 13% Eiern, 11% Schmalz, 21% Butter, einem Drittel der Margarine und halb soviel Brot auskommen. Die Preise für Lebensmittel jedoch stiegen gleichzeitig um das Zwei- bis Fünffache.

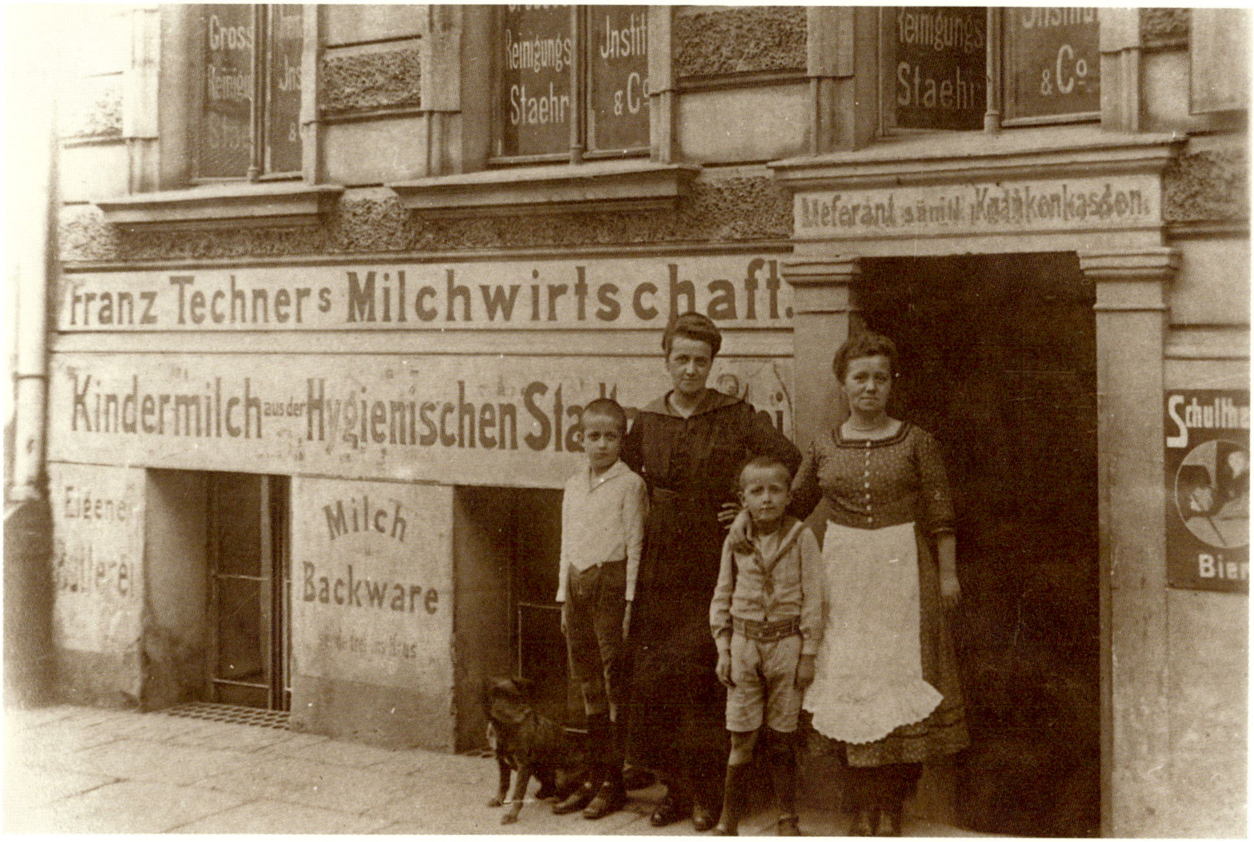

Milchgeschäft, Petristraße 17, Berlin-Mitte, 1914

1905 beträgt die Säuglingssterblichkeit in Berlin fast 20%. In proletarischen Vierteln, wie Wedding, ist sie mehr als doppelt so hoch. Neben den katastrophalen Wohnverhältnissen machte man dafür u. a. auch die schlechte Ernährungslage verantwortlich. Eine traurige Berühmtheit hatte die sogenannte „blaue" Berliner Milch erlangt, bevor Krankenkassen und eine harte Rechtsprechung dafür sorgten, daß die Milchhändler ihre Milch nicht mehr mit Wasser verlängerten und verpanschten.

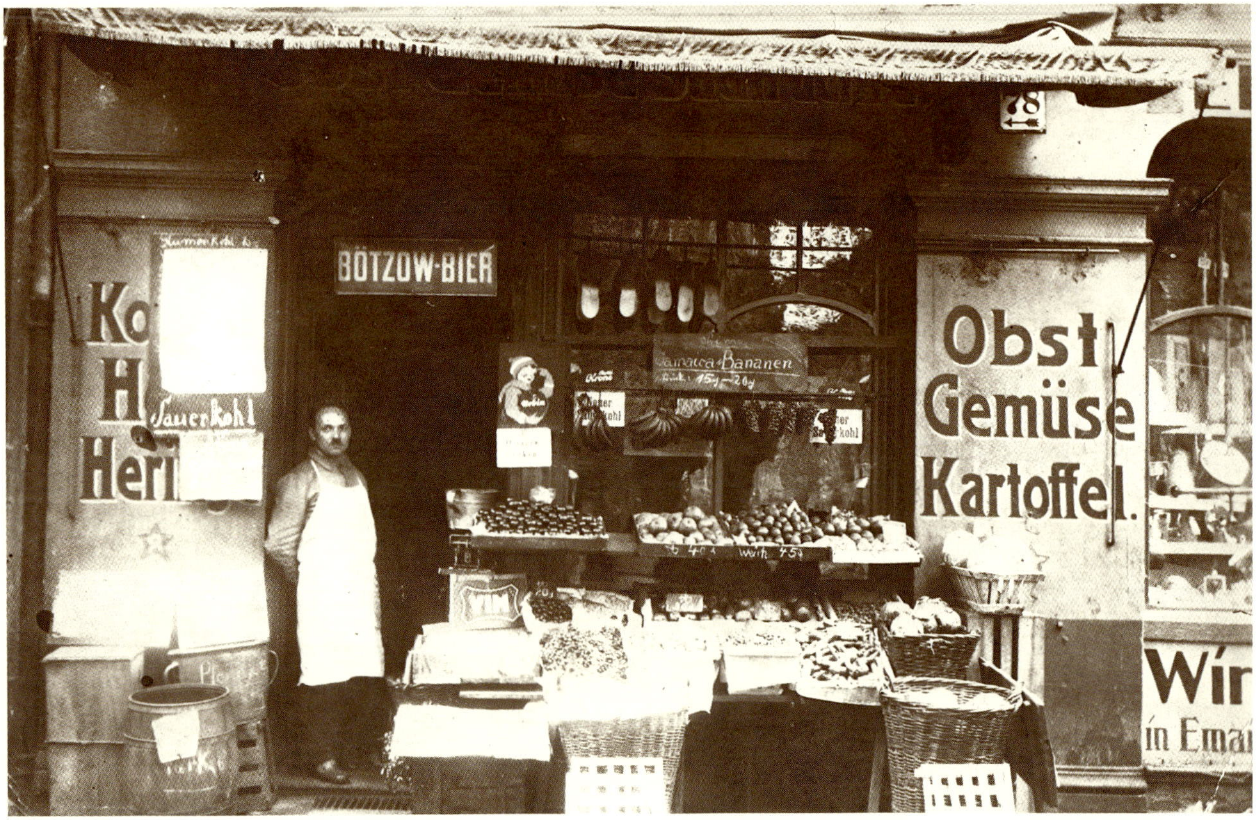

Obst- und Gemüsehandlung, Reichenberger Straße 78, Kreuzberg, um 1925

Südfrüchte, wie z. B. Bananen aus der Karibik, wurden breiten Bevölkerungsschichten erst mit der Entwicklung von differenzierten und preisgünstigen Kühltechniken für Transport und Schiffahrt zugänglich. Vom Handel mit Obst und Gemüse allein aber konnte ein solcher Laden schwerlich leben. So handelt man nebenher mit Kramwaren, hier mit Pantoffeln und Schuhcreme, oder man betreibt noch ein kleines Fuhrgeschäft.

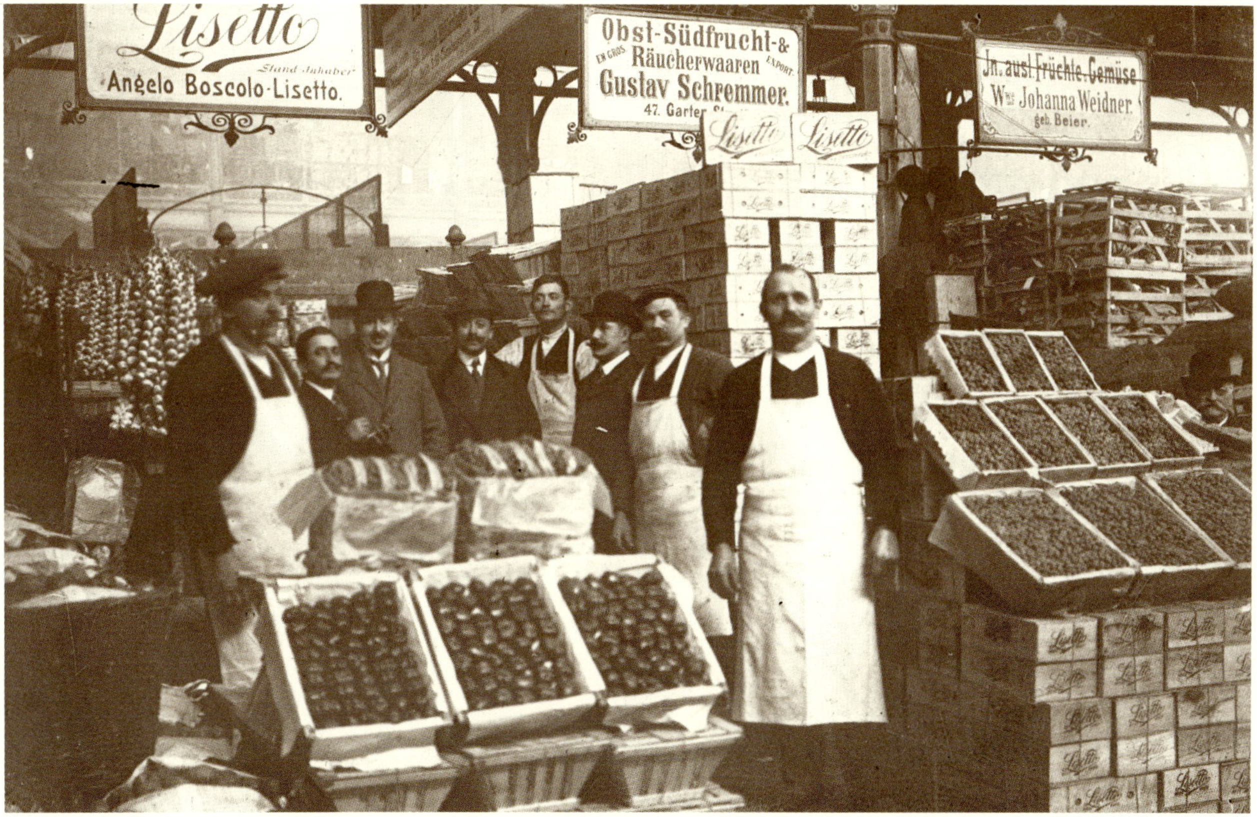

Obst- und Gemüsestand, Zentralmarkthalle am Alexanderplatz, Berlin-Mitte, 1913

In den Markthallen wurden Südfrüchte, Obst, Gemüse und andere Lebensmittel, wie Räucherwaren, Gefrierfleisch etc., an die Berliner Bevölkerung zu Großhandelspreisen abgegeben. Insbesondere wenn die Emotion hoch ging, konnte man hier das unverfälschteste Berlinisch hören: „Dir stech ick mit'n jefrornen Waschlappen dot." „Soll ick dir mal meine Fimwe in de Zehne dividieren?" „Mensch, dir hol ick pfundweise aus'n Anzuch!" „Wenn de mir noch wat sagen willst, denn jeh raus und halt's Maul!"

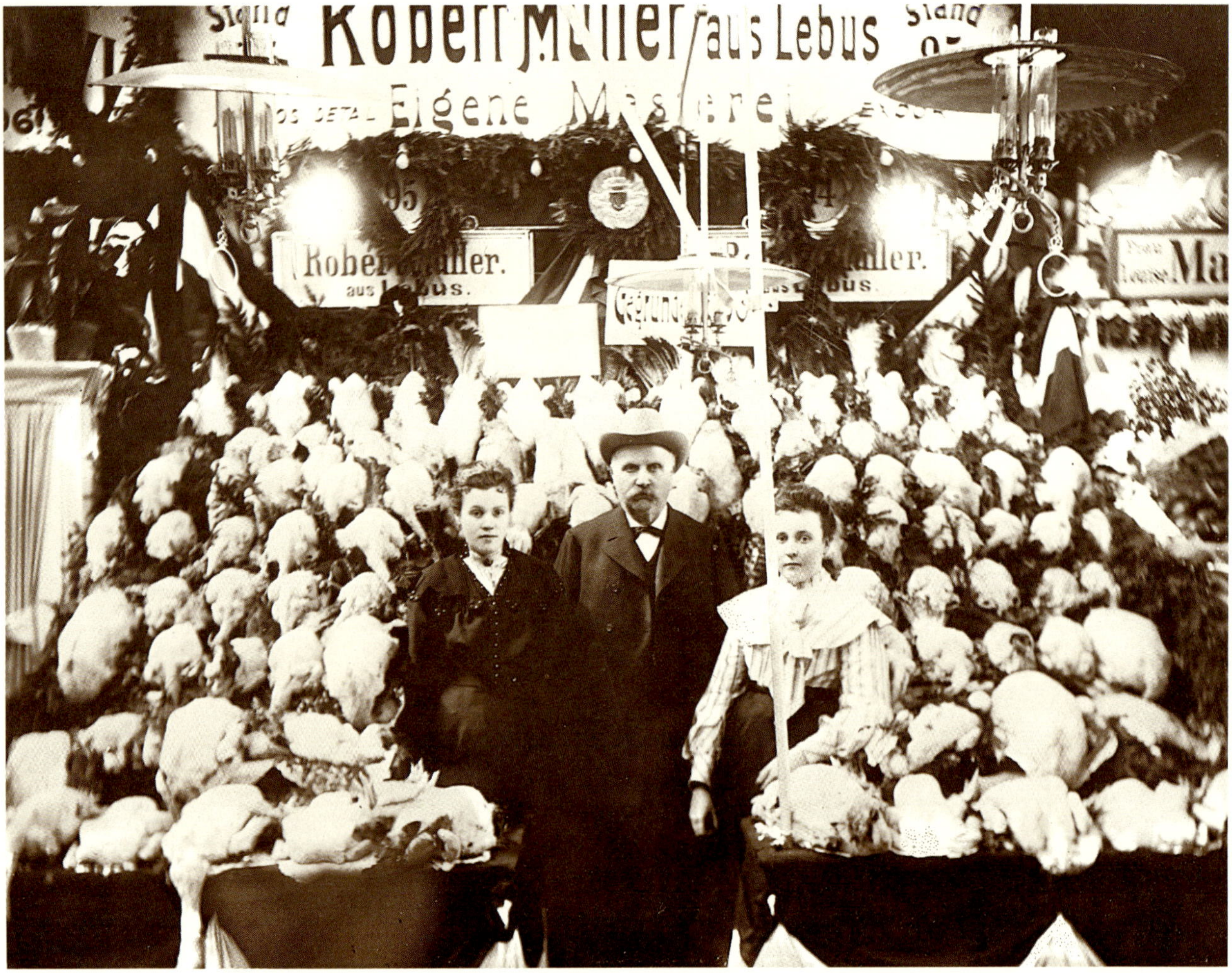

Stand für Geflügel, Markthalle, um 1910

Nicht nur der Großhändler, sondern auch landwirtschaftliche Großbetriebe hatten ihre Markthallenstände in Berlin. Aus dem Land Lebus kamen die landwirtschaftlichen Produkte entweder mit der Eisenbahn, die Frankfurt a. O. mit Berlin verband, oder auf dem Wasserweg über Oder-Havel- bzw. Oder-Spree-Kanal. So wurde das Hinterland für den Bedarf der Großstadt erschlossen.

Der Einsatz elektrischer Maschinen machte es vielen Fleischern möglich, von ihrer Wurst so viel und so günstig zu produzieren, daß sie ihre Waren auch an Wiederverkäufer und über den Versandhandel anbieten konnten.

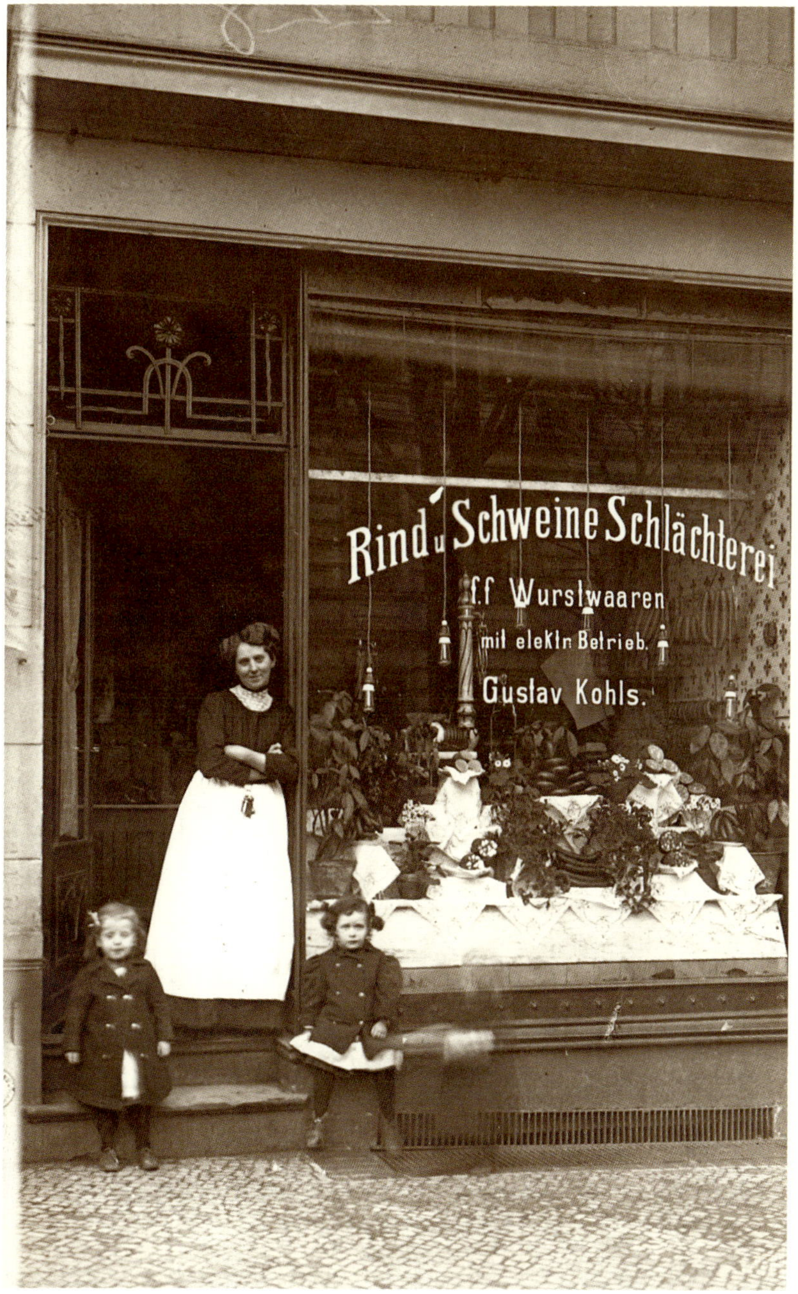

Elektrische Maschinen beschleunigten die Wurstherstellung erheblich, so daß die Anzeige „elektrischer Betrieb" auch eine Garantie für ein vielfältiges und frisches Angebot und gleichbleibende Qualität war.

Fleischerei, Georgenkirchstraße 30 a, Berlin-Mitte, um 1910

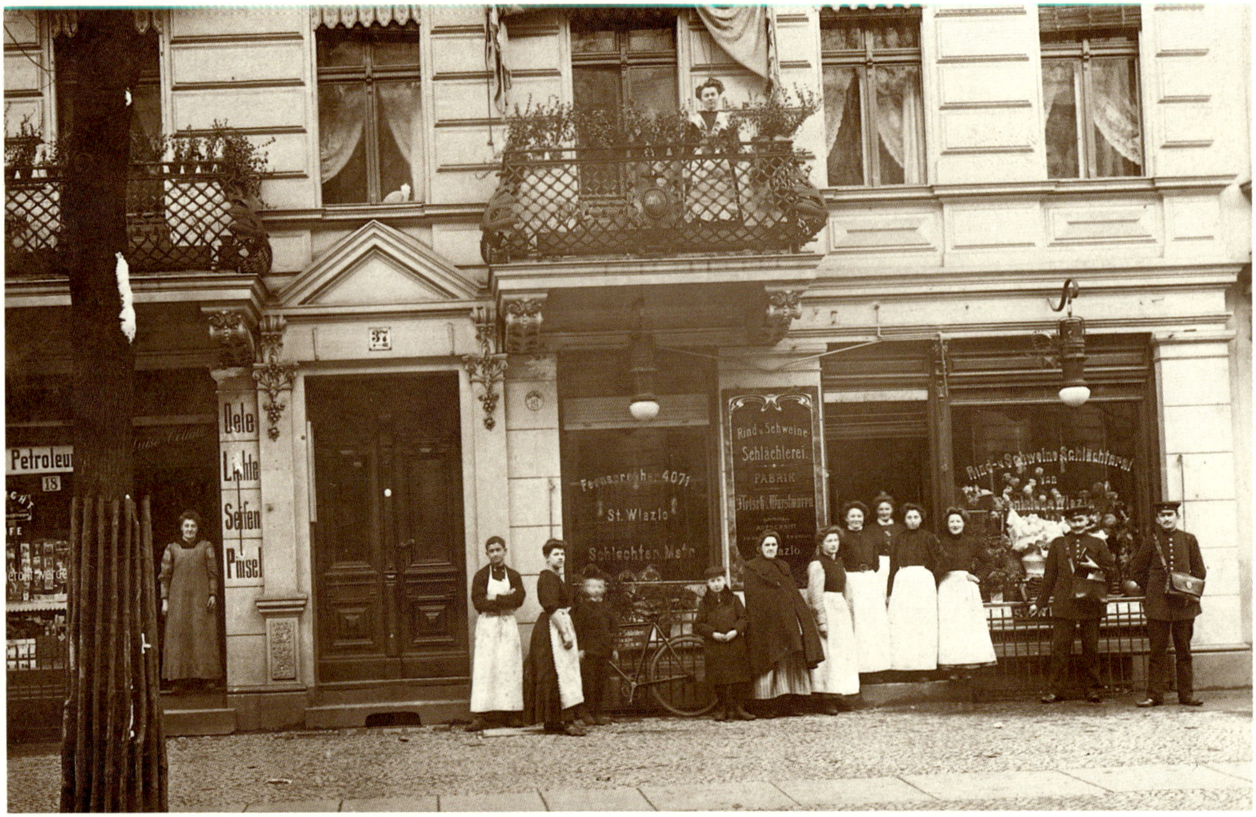

Fleischerei, Schillerstraße 36, Charlottenburg, um 1910

Fotografen zogen als ambulantes Gewerbe durch die Straßen, immer auf der Suche nach Motiven, die sie schnell an möglichst viele Leute verkaufen konnten. Häufig fotografierten sie ganze Wohnhäuser, um die Bilder dann an die Mieter zu verkaufen – besonders an die, die während der Aufnahme aus dem Fenster gucken. Ein gutes Geld verdiente man auch, wenn man die kleinen Geschäftsleute und ihre Kunden fotografierte.

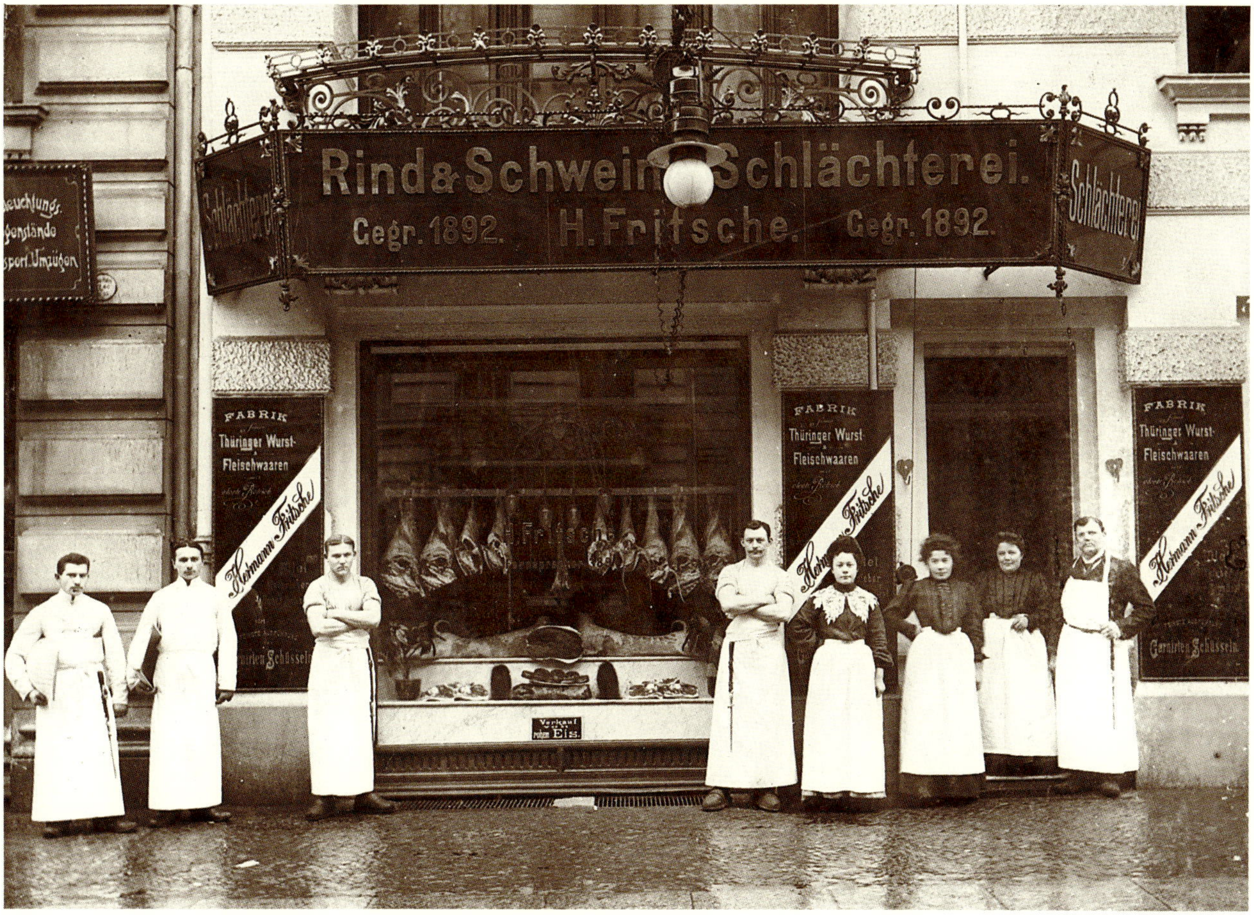

Fleischerei und Wurstfabrik, Goethestraße 81, Charlottenburg, um 1911

Beim Fleischer kauften die Hausfrauen auch Roheis. Der Fleischer selbst bezog das Eis von den Eiswerken. Berühmtester Eishändler war Carl Bolle („Eis-Bolle", im Gegensatz zu seinem Bruder „Weiß-Bolle", der Weißbier braute). Die Eiskutscher, die täglich mehrmals das Eis in großen tropfenden Blöcken ausfuhren, gehörten zum Berliner Straßenbild.

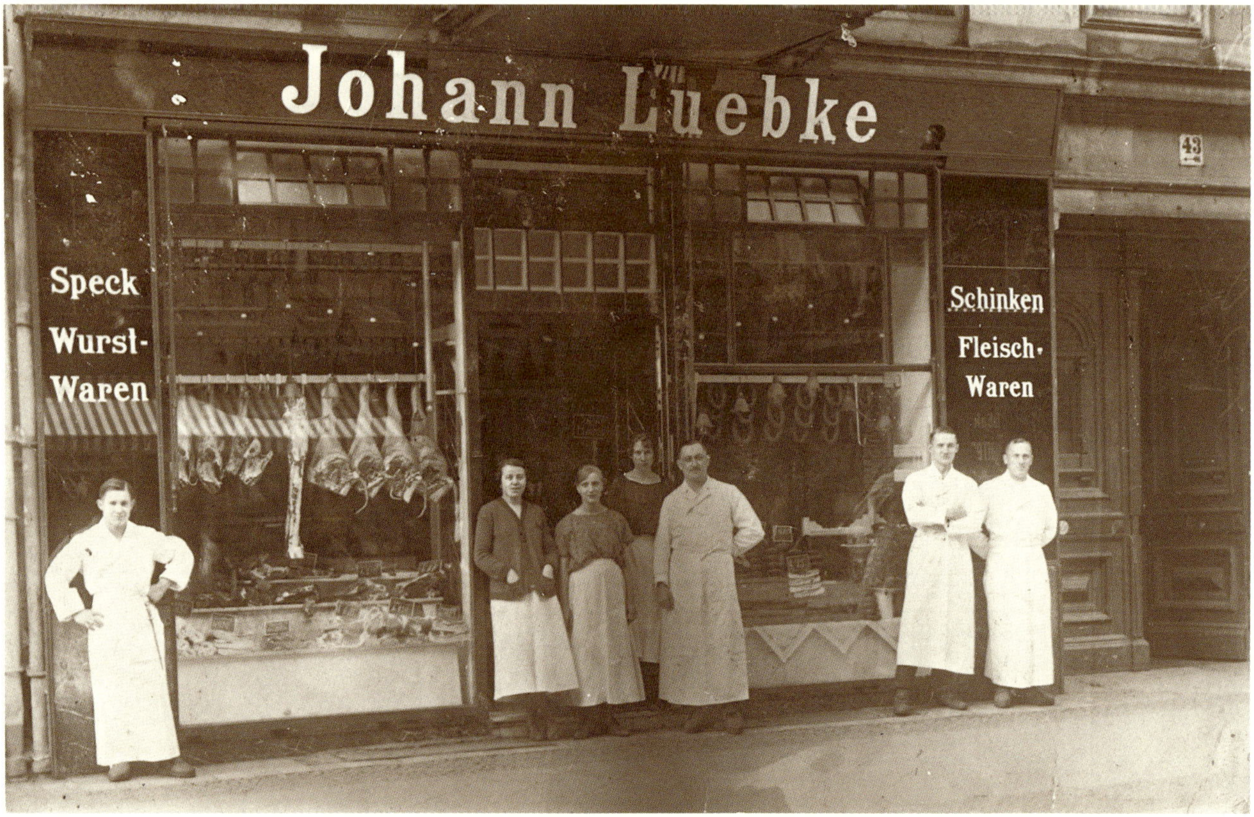

Fleischerei, Rostocker Straße 43, Tiergarten, um 1925

Erheblich billiger als beim Schlachter kaufte man in den Markthallen Gefrierfleisch aus Argentinien, das allerdings häufig geschmacklos, dörr und faserig war. Um so mehr betonen die Fleischer die Qualität ihrer Ware, die, wann immer das Klima es zuließ, dem kritischen Auge der Hausfrau schon im Fenster präsentiert wurde.

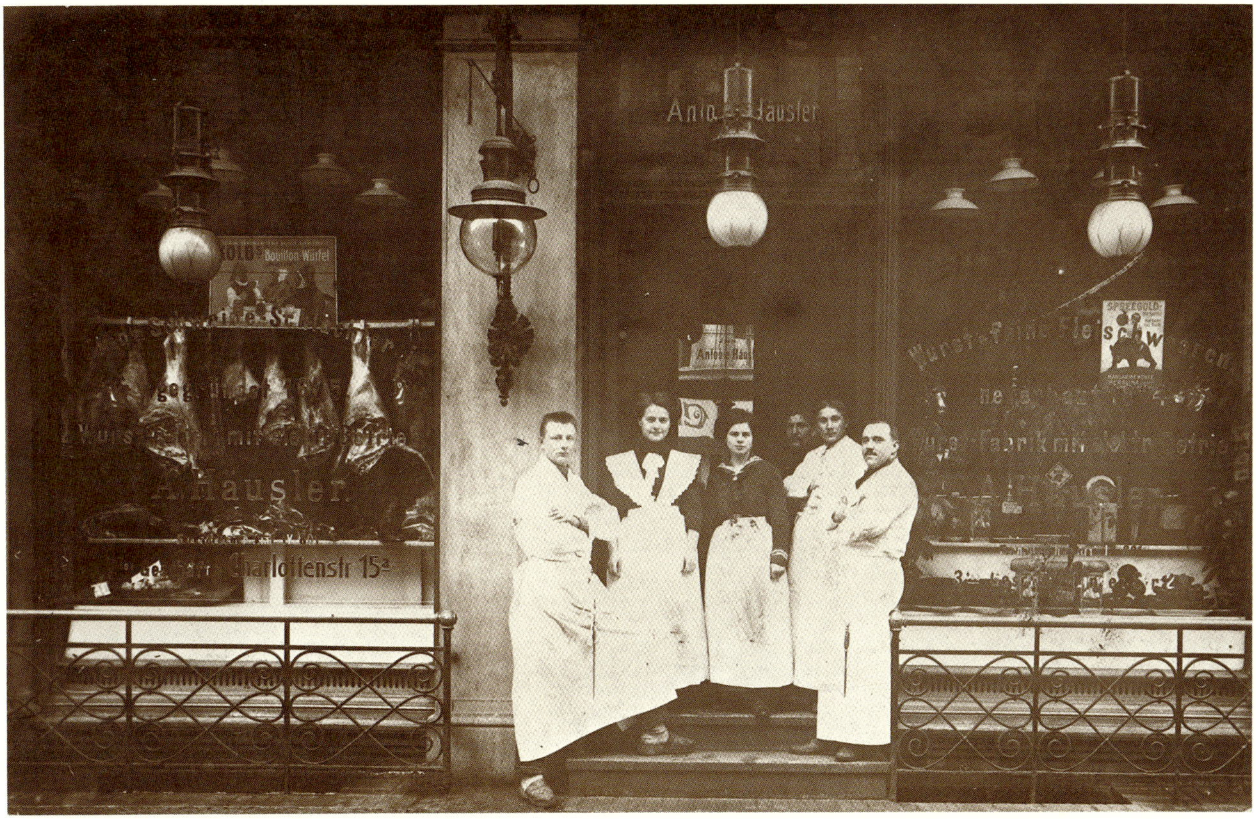

Fleischerei, Dresdener Straße 60, Berlin-Mitte, um 1916

Noch gibt es die alte Gaslampe, die am Haus angebracht ist. Sie wird in dieser Zeit des Übergangs ergänzt durch die elektrischen Flammenbogenlampen. Diese müssen vor dem Schaufenster hängen, da ihre Leuchtsalze lästige Dämpfe erzeugen. Erst 1913 werden sie durch die technisch überlegene Glühbirne abgelöst, deren Leuchtkörper ein Wolframfaden in einer mit Stickstoff gefüllten Glasglocke ist.

Beim Einkauf des Geflügels achteten die Hausfrauen besonders auf Füße und Schnabel, denn wenn Hühner stumpfe, abgenutzte Krallen haben, sind sie alt. Alte Tauben haben rot gefärbte, alte Gänse rauhe, dunkelgelbe Füße, die sich schwer auseinander reißen lassen. Bei einer jungen Ente ist der Schnabel im Verhältnis zur Kopfbreite länger als bei einer alten. Für zahme wie für wilde Vögel gilt: sie haben verhärtete Sehnen an den Füßen, daß man sie nur schwer brechen kann, und ihre Schnäbel sind sehr hart. Auch Hasen prüften die Hausfrauen, indem sie untersuchten, ob die Läufe und die Beckenknochen weich waren und ob man die Ohren einreißen konnte.

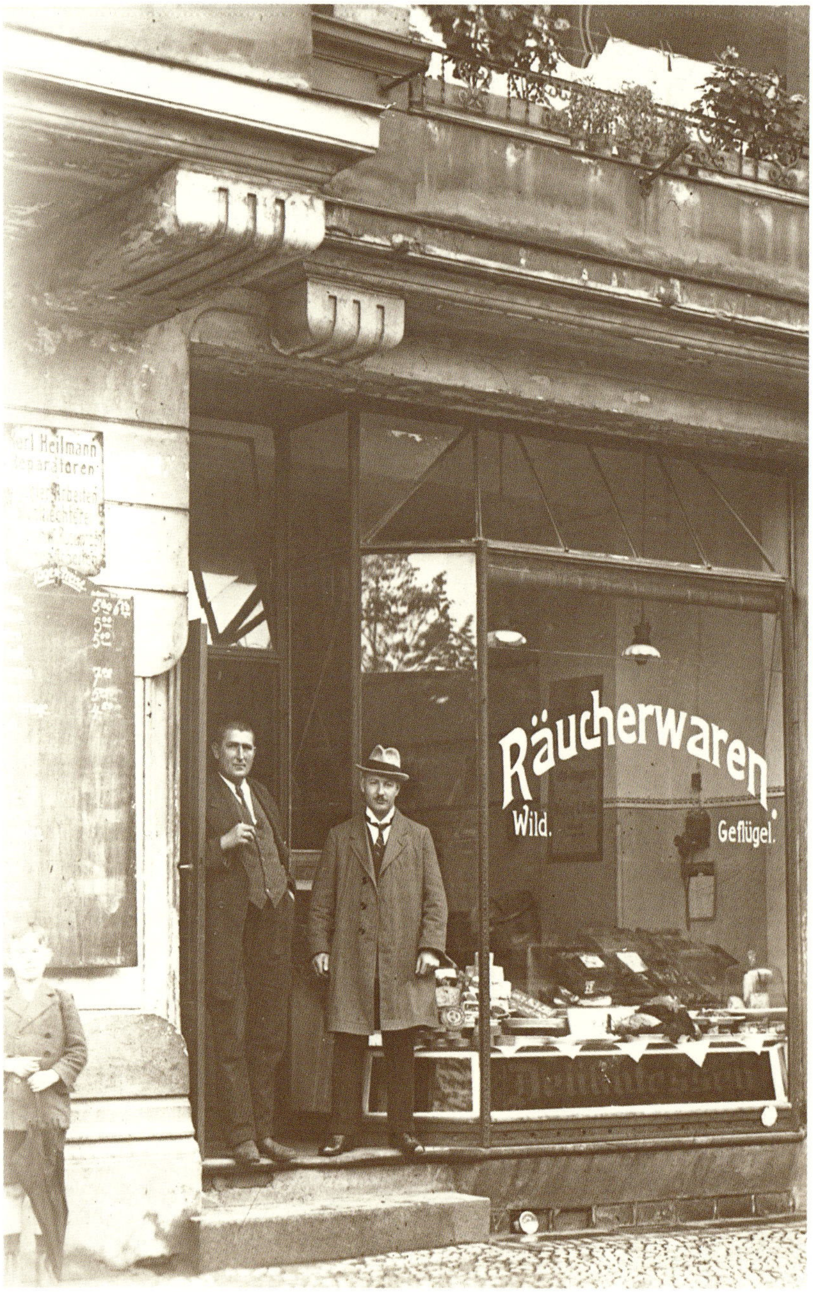

Räucherwaren, Wild, Geflügel, Steglitz, um 1912

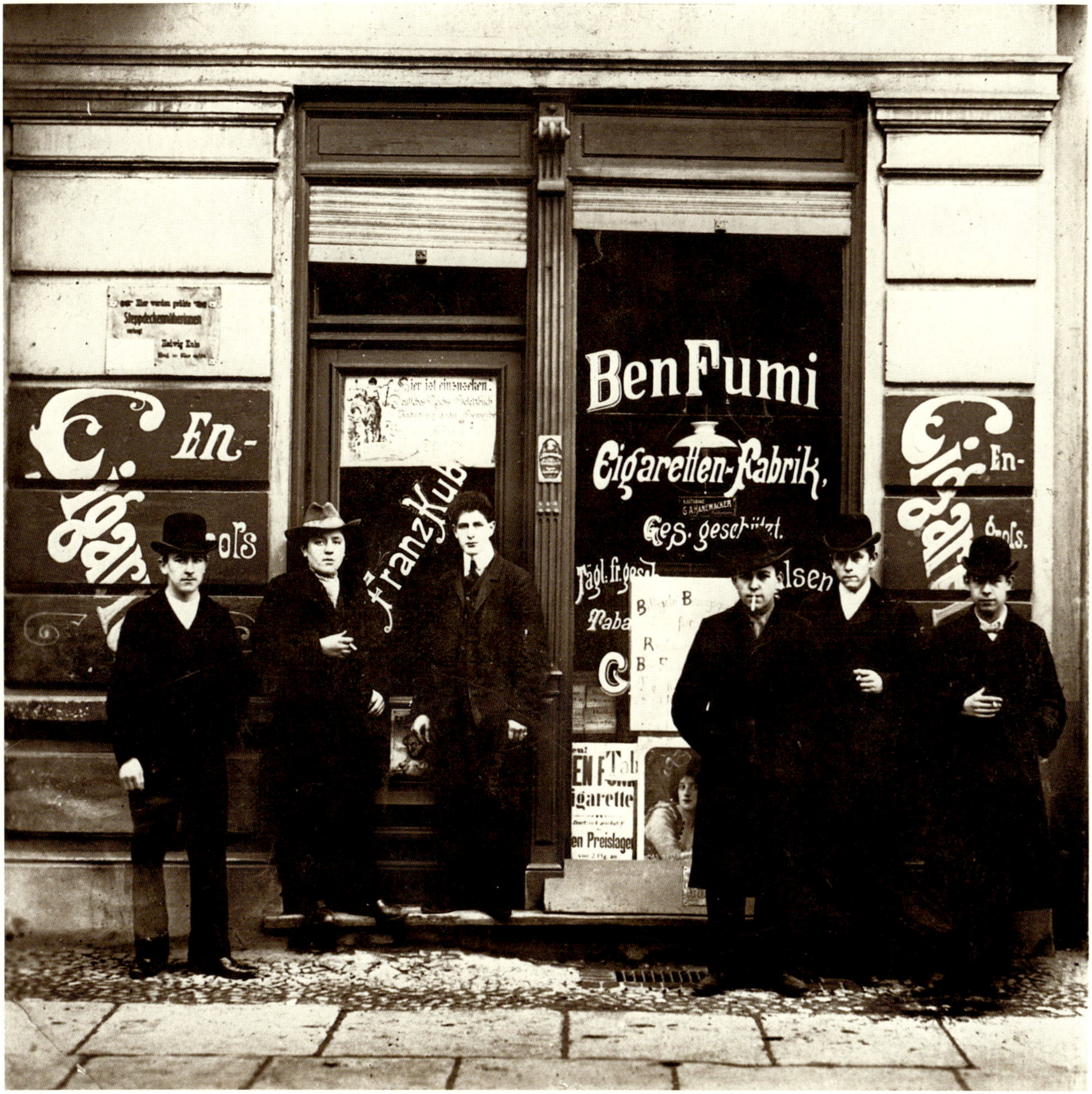

Ladengeschäft einer Zigarettenfabrik um 1920

Mit zunehmendem Maschineneinsatz bei der Zigarettenproduktion müssen mehr und mehr Firmen, die Zigaretten noch in Handarbeit herstellen, aufgeben. Während geübte Handarbeiterinnen pro Tag bis zu 1 200 Zigaretten herstellen, gibt es bereits in den 20er Jahren Maschinen, die in derselben Zeit bis zu 500 000 produzieren und damit bis zu 400 Arbeiterinnen ersetzen.

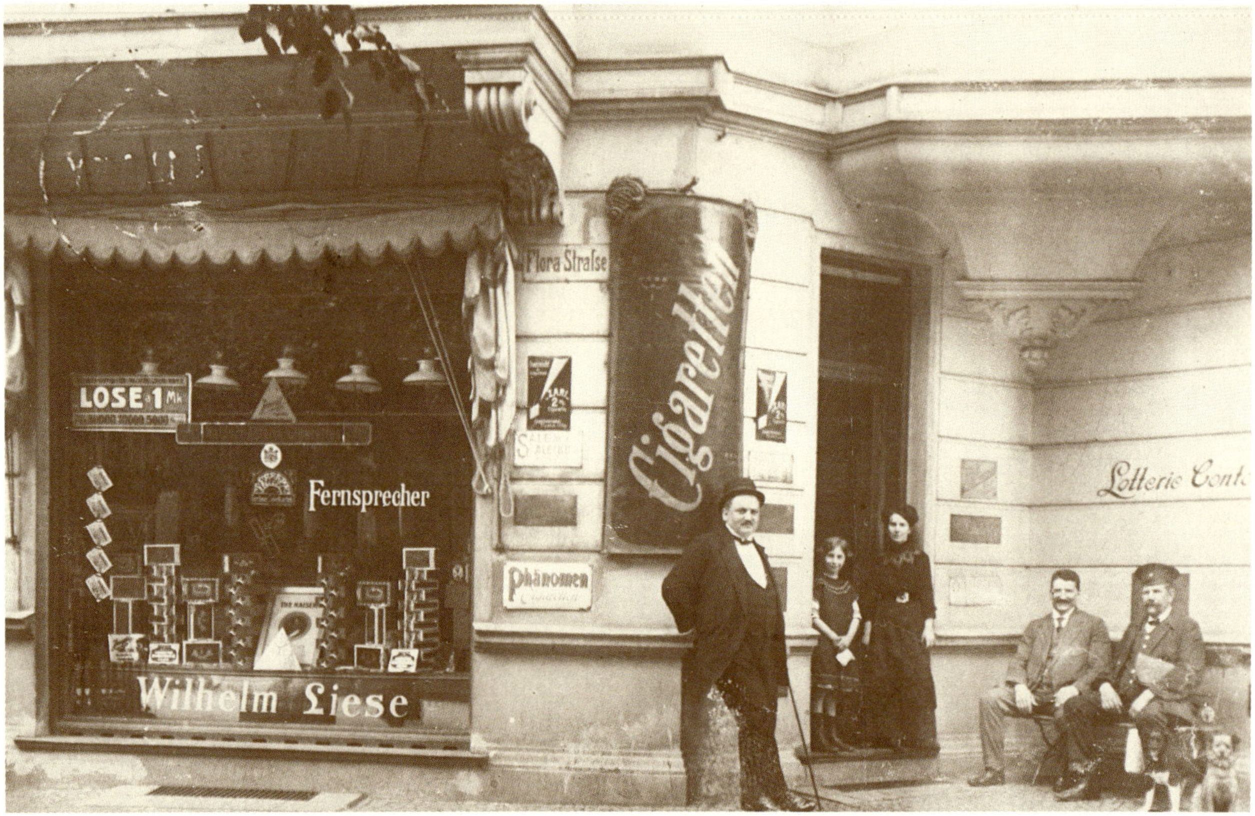

Tabakladen, Florastraße, Pankow, 1912

Im Tabakladen legten Telegrammboten und Kutscher, Landvermesser und Bauarbeiter eine Pause ein und trafen sich zum flüchtigen Gespräch. Zigaretten gab es hier in unterschiedlichsten Formen zu kaufen: mit Mundstück aus Gold, Kork oder Pappe oder auch ganz ohne Mundstück. Ägyptische Zigaretten gab es mit „Bügelfalte", es gab lange und kurze, schmale und dicke, runde und ovale Zigaretten. Nur als Außenform stand fest, daß eine Zigarette eine weiße, längliche Hülse aus feinstem Florpapier hat.

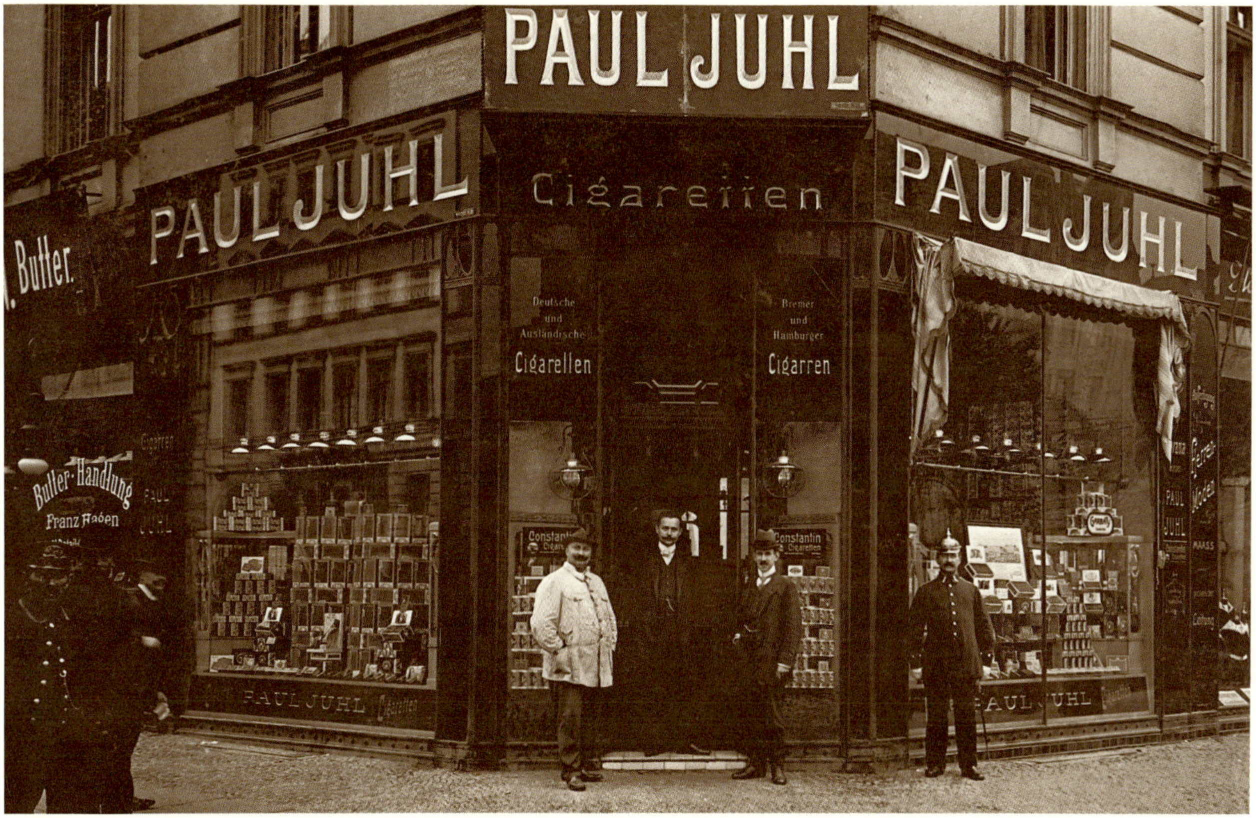

Tabakladen, Pappelallee 22, Prenzlauer Berg, 1910

Mit dem „Cigaretten-Steuergesetz" von 1906, das einen Einfuhrzoll auf importierte Zigaretten vorsah und vor allem die ägyptischen Zigaretten erheblich verteuerte, nahm die deutsche Zigarettenindustrie einen starken Aufschwung. Die Zigarettenfabrik Paul Juhl aus Pankow hatte allein in Groß-Berlin 185 Filialen. Zigaretten wurden in Verpackungen zu 3, 4, 5, 8, 10, 15, 20, 25, 50, 100, 500, und 1 000 Stück angeboten. Andere Verpackungsmengen waren (um die Versteuerung zu vereinfachen!) untersagt. Noch 1910 wurden 48% aller in Deutschland hergestellten Zigaretten aus den Großpackungen lose direkt in das Zigarettenetui verkauft.

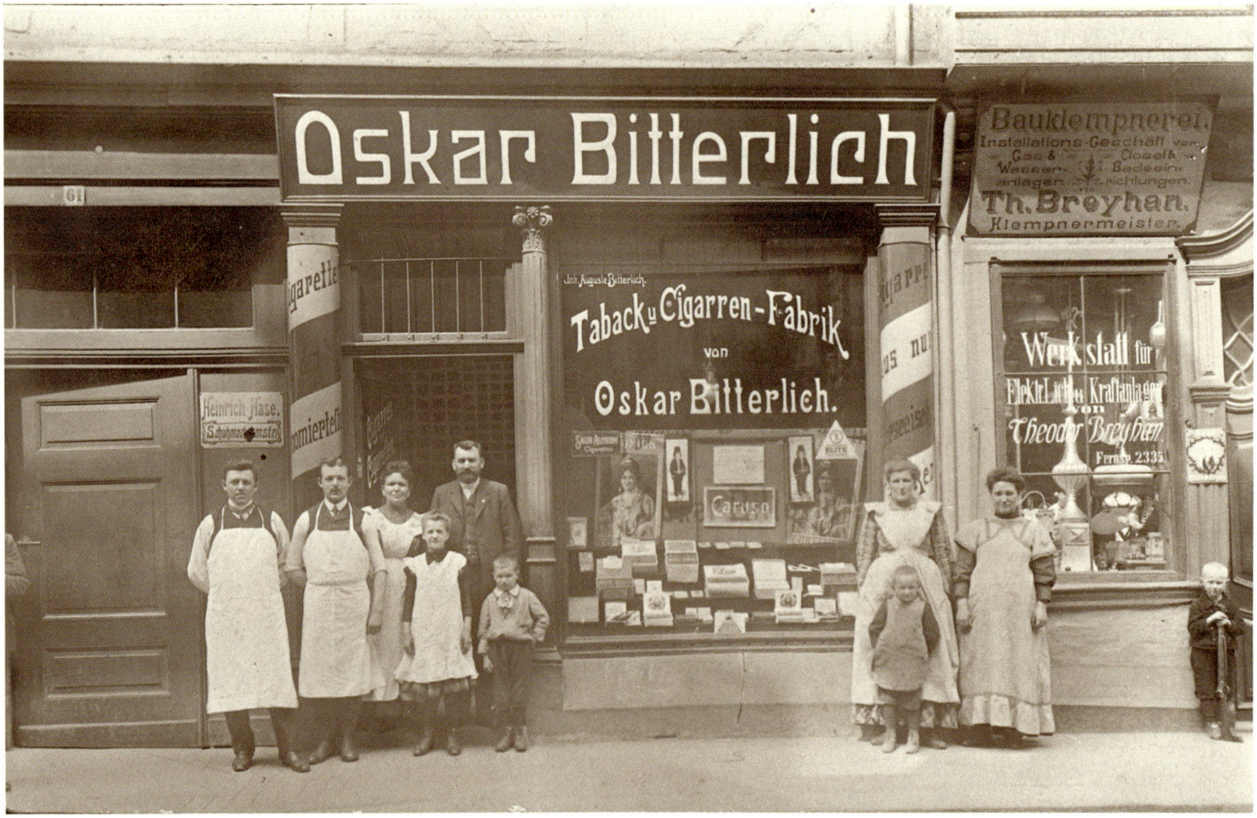

Ladengeschäft einer Zigarrenfabrik, Wolliner Straße 60/61, Berlin-Mitte, 1910

Im Jahre 1910 zählt die Statistik in Berlin mehr als 3 300 Tabakgeschäfte. Zahlreichen Läden waren kleine Werkstätten angeschlossen, in denen der Tabak gemischt, geschnitten oder zu Zigarren gerollt wurde. In der Zigarrenproduktion waren auch zahlreiche Heimarbeiter tätig. Das Mit- und Nebeneinander von Wohnung, Laden und kleiner Werkstatt ist typisch für das Straßenbild und Leben in den Berliner Arbeitervierteln.

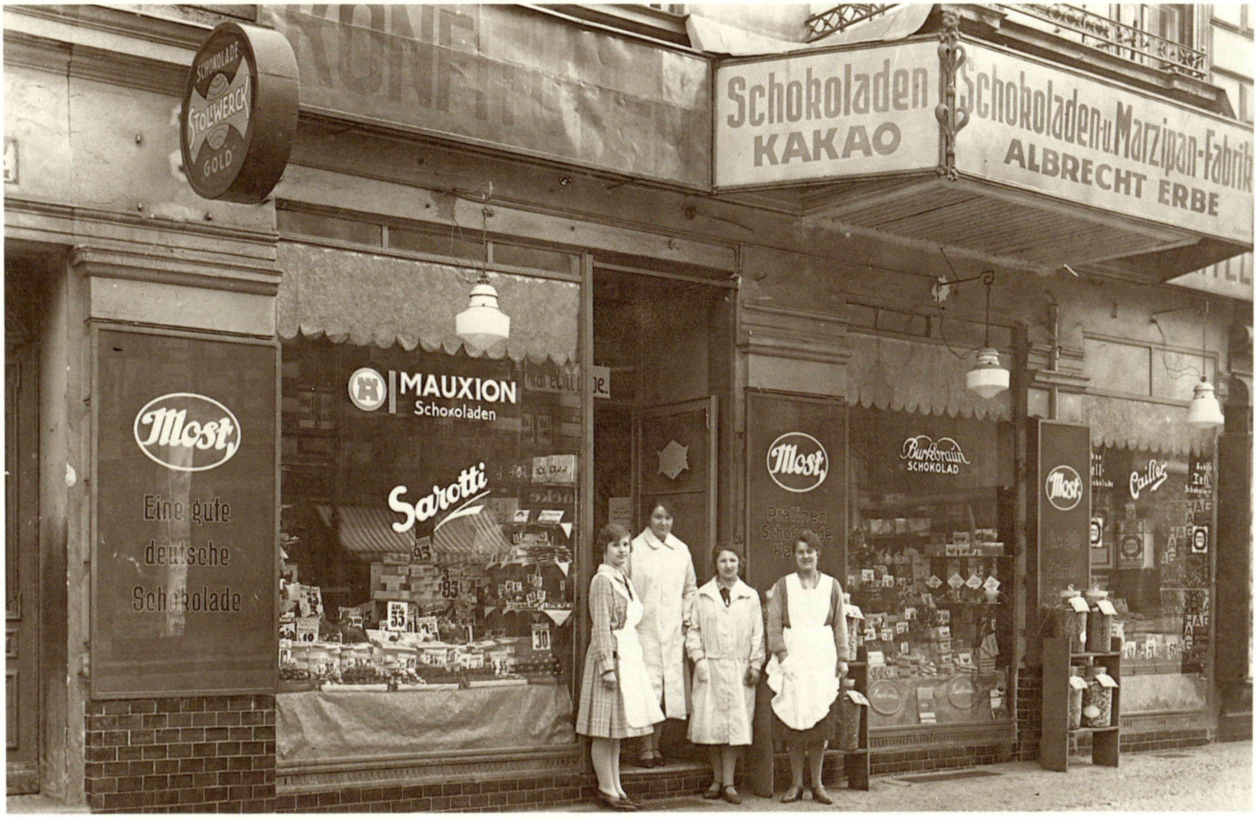

Süßwarenladen, Friedrichstraße 217, Kreuzberg, 1925

Markenschokoladen, wie Sarotti, Mauxion und Cailler, werden in diesem Geschäft neben preiswerteren, selbstproduzierten Marzipanwaren verkauft. Die Verkaufsorganisation und der Zwischenhandel machten für Markenprodukte einen Aufpreis erforderlich. Die Schokoladenfirma Most aus Halle wählte für ihren Absatz einige Jahre später einen anderen Weg. In einer geheimen Nacht- und Nebelaktion gründete man nach einer Testzeit mit 15 eigenen Versuchsläden eine Ladenkette von auf Anhieb 167 eigenen Filialen in ganz Deutschland und kündigte die Lieferverträge mit anderen Firmen.

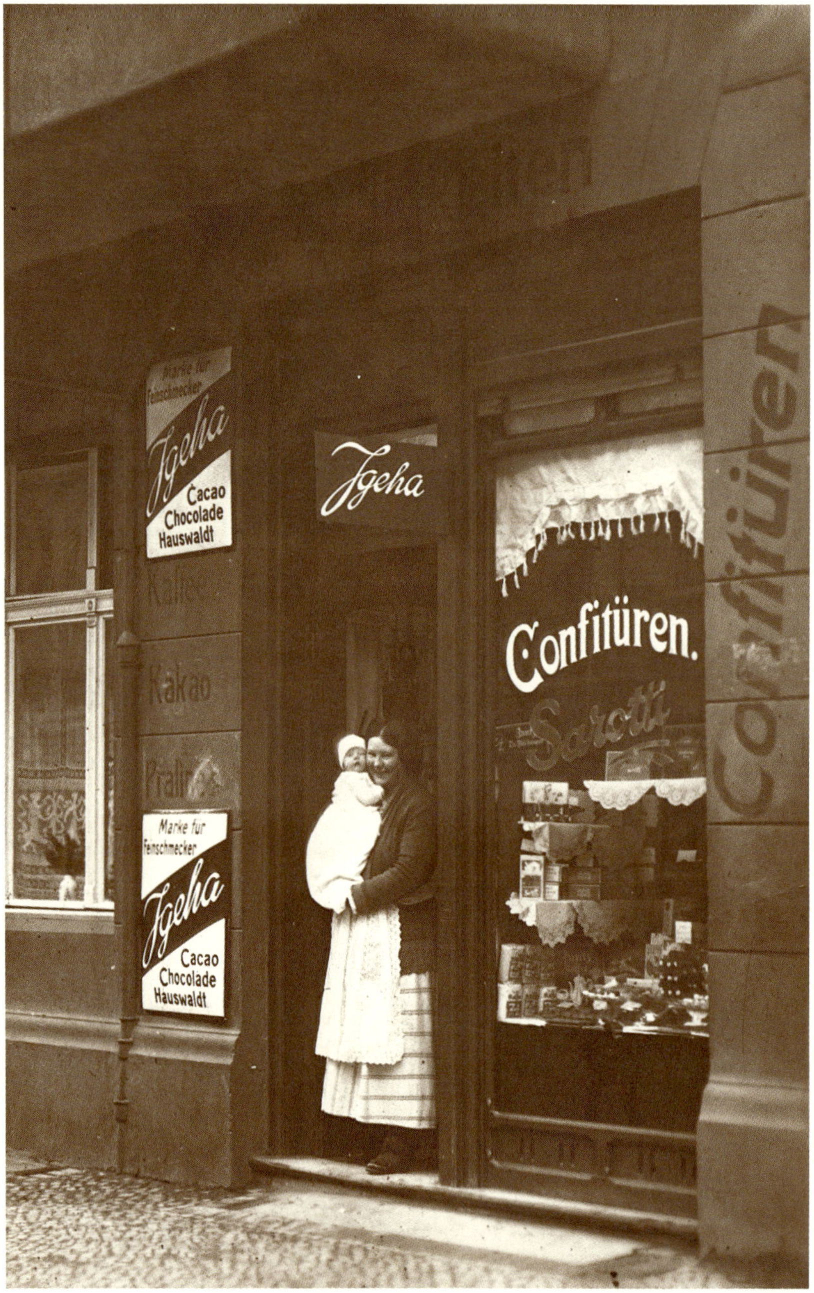

Der Konfitürenladen handelt mit Kakao, Schokolade, Bonbons, kandierten Früchten, Marzipan und feinen Marmeladen. Solche kleinen Ladengeschäfte wurden häufig von Frauen im Sinne eines „Nebenerwerbs" geführt. Zusätzlich mußten der Mann ebenso wie der Haushalt versorgt und die Kinder aufgezogen werden.

Konfitüren, Emser Straße 123, Neukölln, 1925

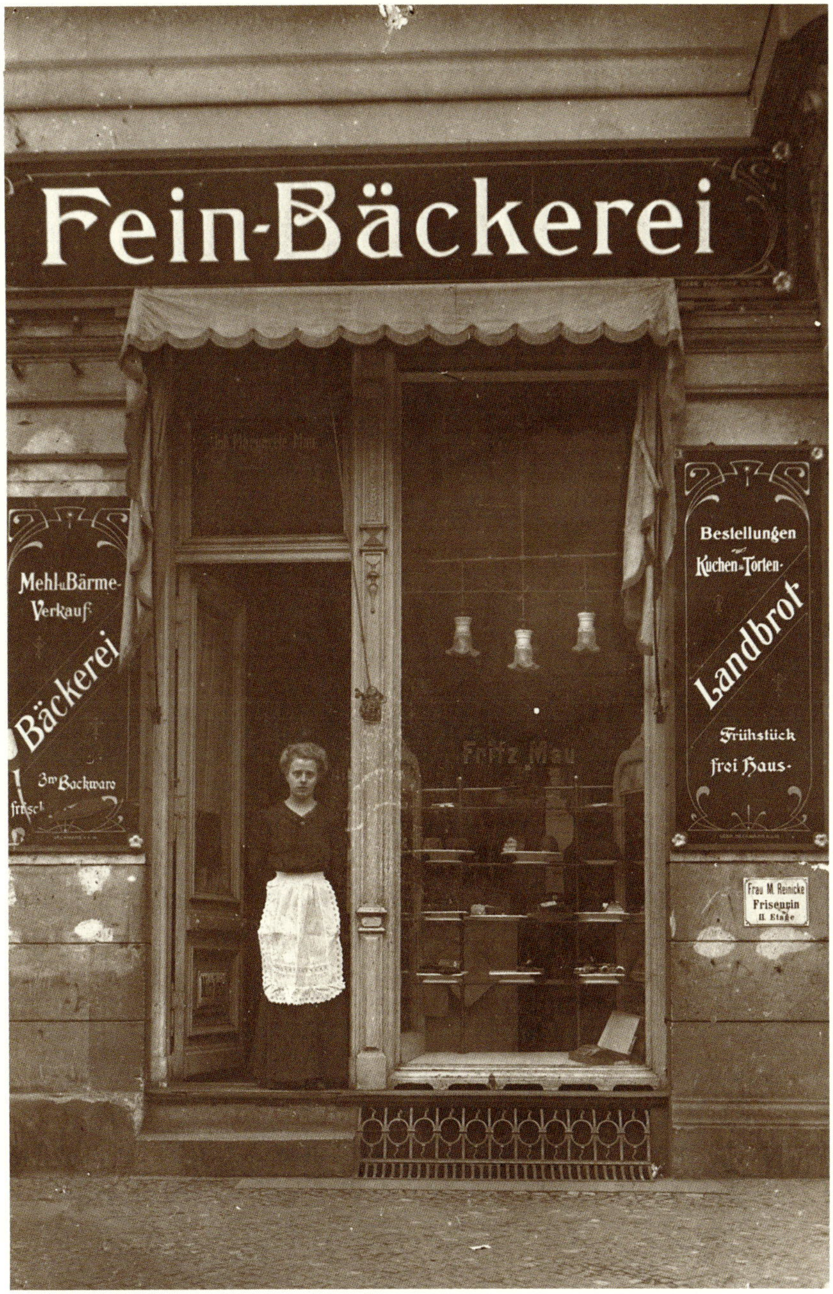

Auf Bestellung lieferten die Läden das Gebäck für Kaffee- und Teegesellschaften pünktlich aus. Frühmorgens bereits wurden die Schrippen ausgetragen. Zu diesem Zweck gaben die Kundinnen eigens bestickte Schrippenbeutel an den Bäcker, die man mit Frühstücksbrötchen gefüllt an der Türklinke hängend fand. Bevor er die Brötchen in den Ofen schob, machte der Bäcker noch den charakteristischen „Schrippenkniff" mit dem Finger.

Bäcker, Chausseestraße 50, Berlin-Mitte, um 1910

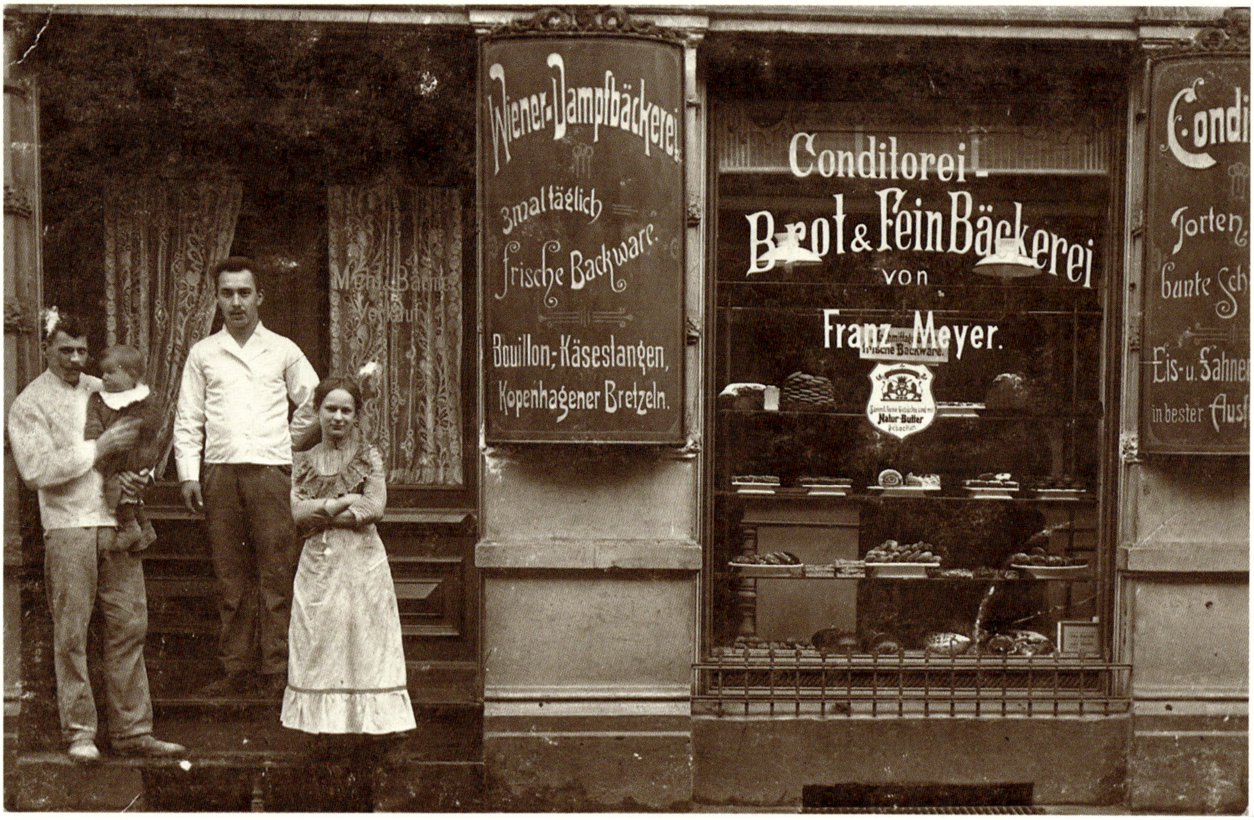

Konditorei, Pritzwalker Straße 9, Tiergarten, 1910

Vor dem eigentlichen Backvorgang wurden im Dampfbackofen Brot und Schrippen erst bedampft. Sie vergrößerten damit ihr Volumen, wurden luftig und erhielten eine besondere Kruste. An den Dampfbackofen konnten auch Heizkörper für den Laden angeschlossen werden. Beliebt waren Plunderteilchen, Baumkuchen, Baiser und Napfkuchen. Käsestangen aus Blätterteig wurden bei festlichen Anlässen zur Bouillon gereicht.

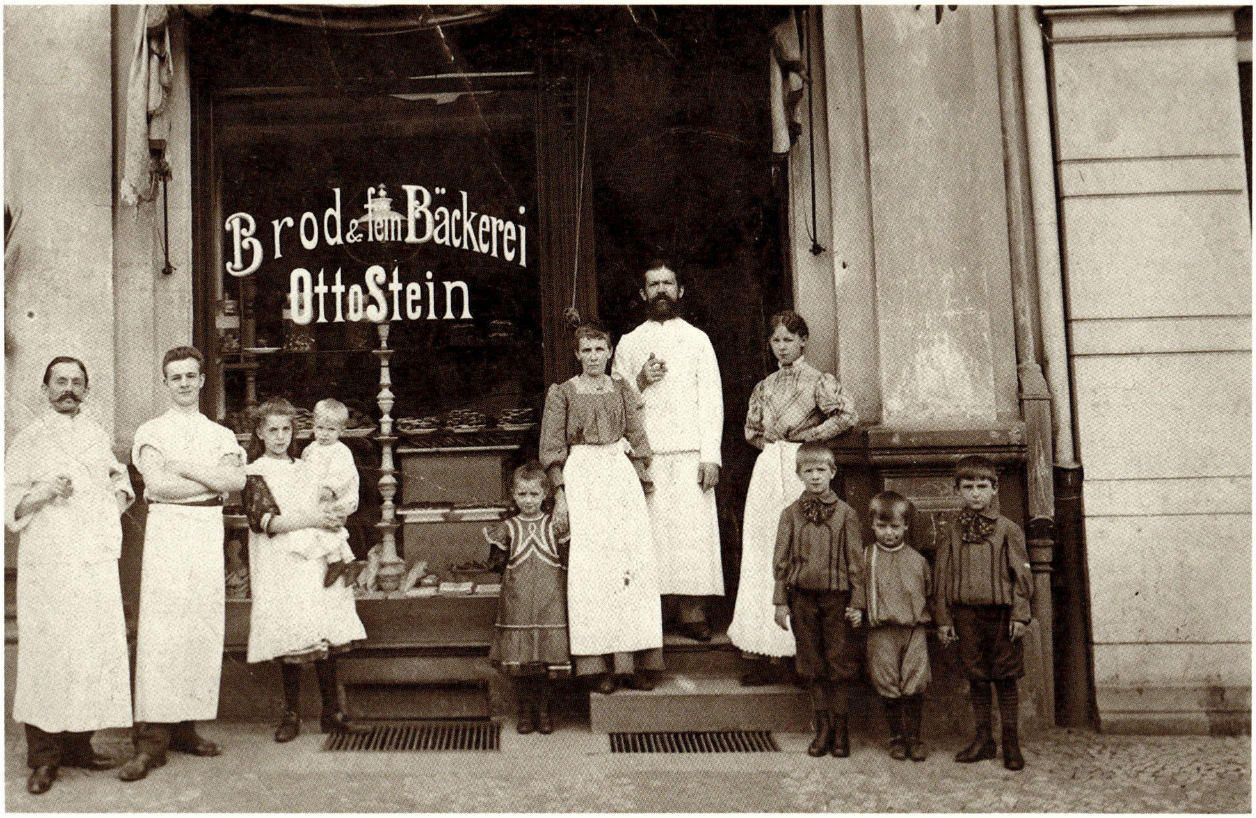

Bäckerei, Sedanstraße 11, Schöneberg, um 1911

Oft ernährten sich weit mehr Angehörige, als auf diesem Bild zu sehen, von den Einkünften eines solchen Ladens. Da galt es, äußerst sparsam zu wirtschaften. Altbackenes Brot wurde, wenn man es nicht verkaufen konnte, im Haus des Bäckers weiterverarbeitet. Auch der falsche Hase soll Erfindung einer Berliner Bäckersfrau gewesen sein.

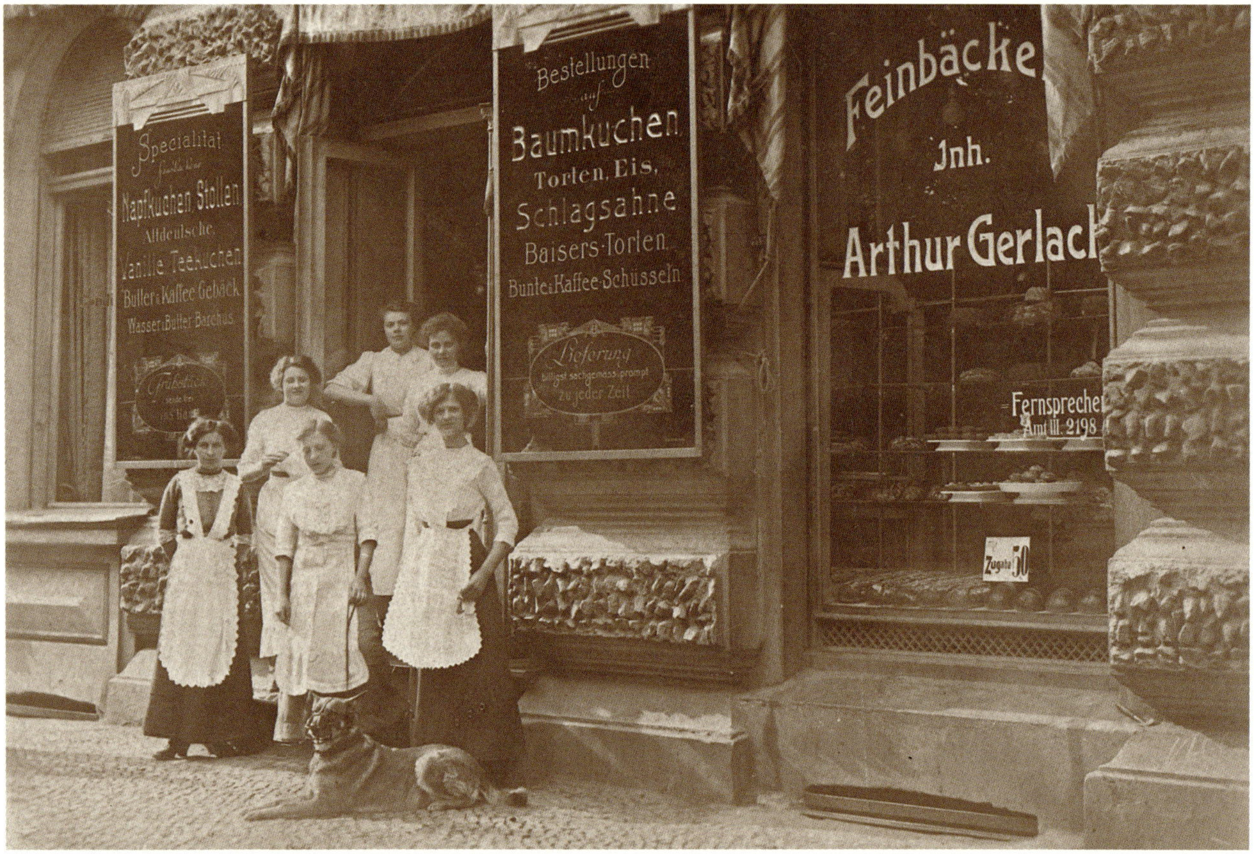

Bäckerei, Wörtherstraße 34, Prenzlauer Berg, um 1912

Auf der Bäckereiausstellung in Stuttgart wurden 1911 die Anwendungsmöglichkeiten der Margarine Solo mit größtem Erfolg vorgestellt. Der Spezialmargarinemarkt für Bäcker erwies sich als Riesengeschäft für die Margarinehersteller. Die Margarinemarken für Bäcker hießen „Meister-Zieh" oder „Meister-Schmelz". Die Vertreter der Margarineindustrie mußten in der Lage sein, in jeder Backstube zu Demonstrationszwecken einen Blätterteig mit Ziehmargarine herzustellen. Die konservativen Hausfrauen beobachteten diese Entwicklung indes mit Mißtrauen. Die Bäcker taten gut daran, in ihrer Werbung möglichst auf Buttergebrauch hinzuweisen.

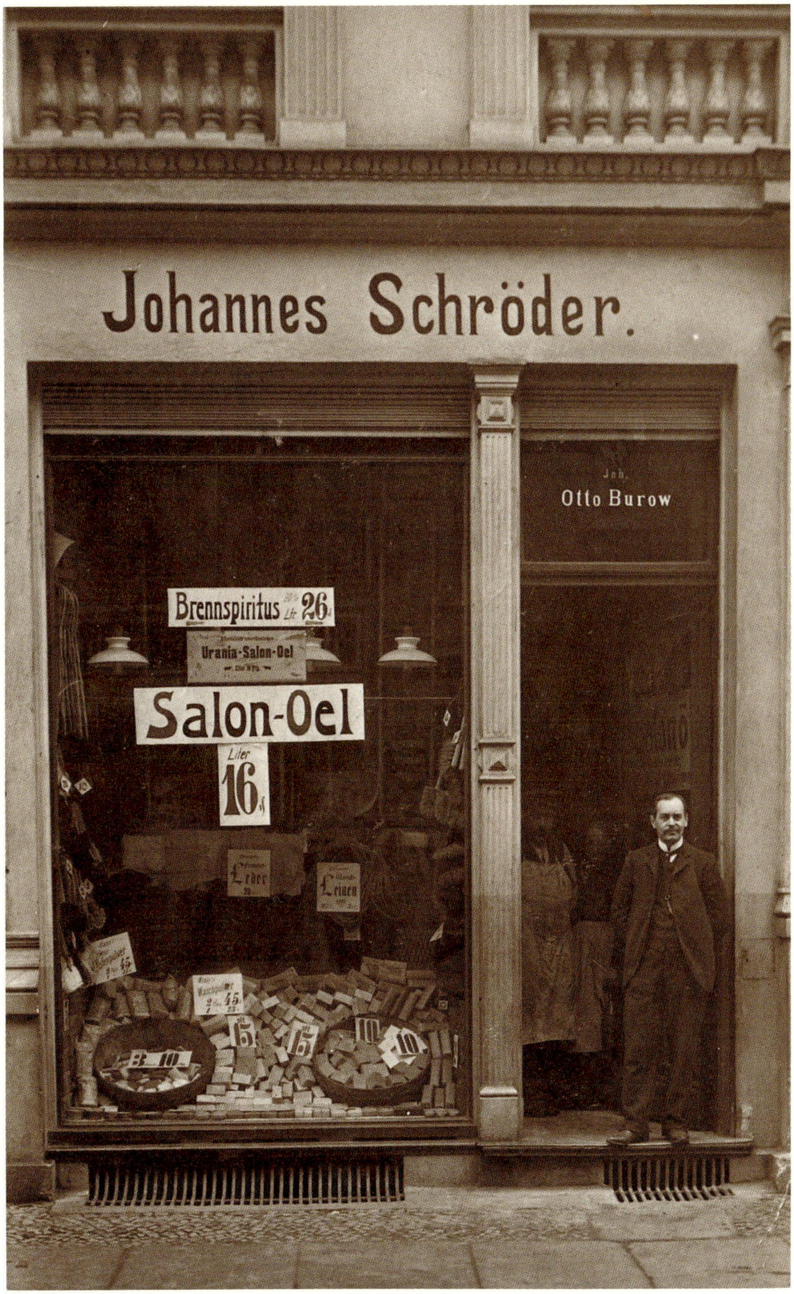

Hier kauften die Hausfrauen ihr Öl für die Petroleumlampen, aber auch Seife und Soda für den großen Waschtag. Das Wäschewaschen in der Mietskaserne war eine mühselige Arbeit. Durch den Einsatz der sogenannten „selbsttätigen Waschmittel" wird der häusliche Waschvorgang indes erheblich vereinfacht. 1907 kommt Persil, damals noch eine Mischung aus Seife, Soda, Wasserglas und einem Bleichmittel, auf den Markt.

Seifenhandlung, Mittenwalder Straße 49, Kreuzberg, um 1907

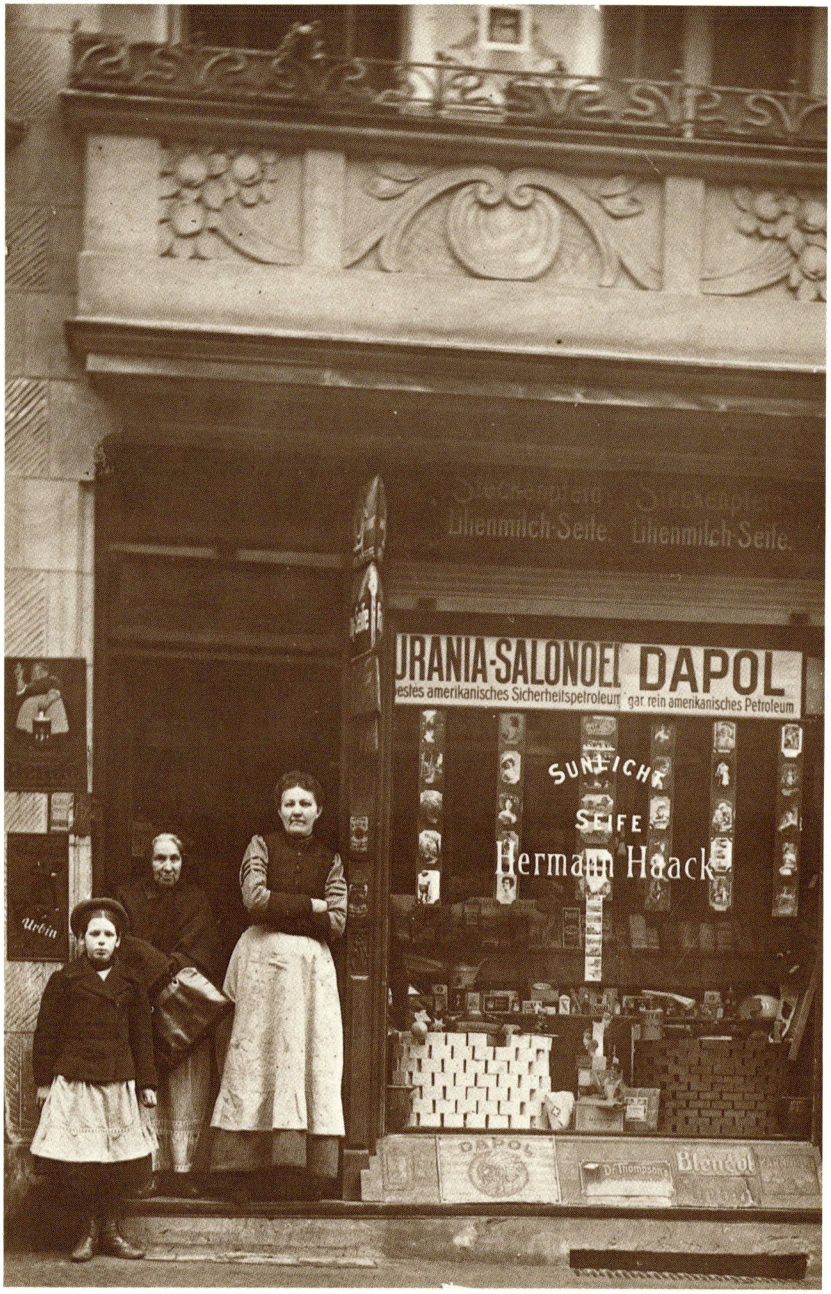

Durch einfache grafische Manipulation wurde die englische Kernseife „Sunlight" zur deutschen "Sunlicht" und damit zu einer typischen Institution des deutschen Alltags. Nachdem deutschnationale Seifenhändler zunächst zur Selbsthilfe gegriffen hatten, wurde kurz vor dem Ersten Weltkrieg der neue Name offiziell eingeführt.

Seifenhandlung, Wipperstraße 21, Rixdorf, 1905

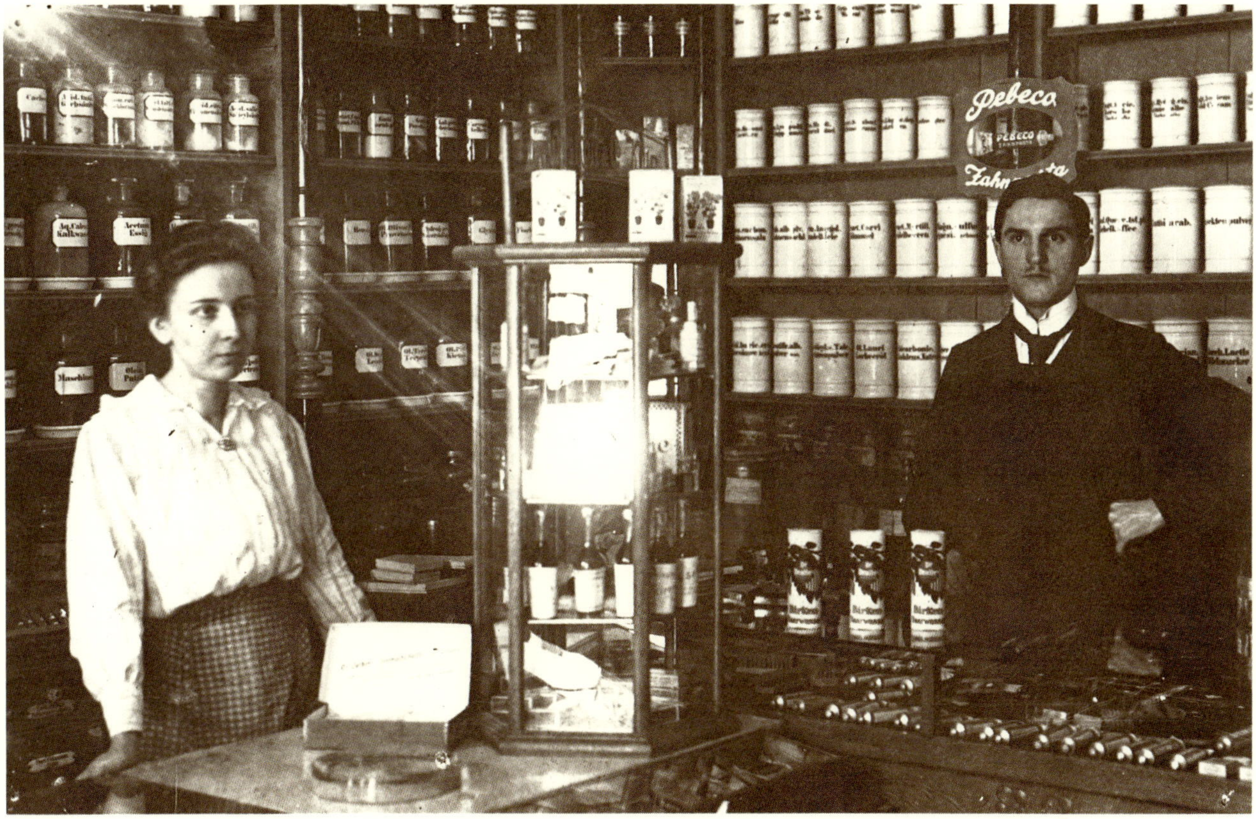

Drogerie, Hermannstraße, Neukölln, 1919

Noch ist das Kernstück des Drogeriegeschäftes der lose Verkauf und die Selbstherstellung von Farbwaren, Körperpflegemitteln, Hauswirtschaftsbedarf und freien Arzneimitteln. Der Drogist klärt auf in Fragen der Hygiene, der Ernährung, der Gesundheits- und Kinderpflege. Erst später als im Lebensmittelbereich wird diese Kultur durch vorverpackte Artikel verdrängt. Damit aber ändern sich nicht nur Qualifikation und Berufsbild des Drogisten, sondern auch das Wissen der Hausfrau.

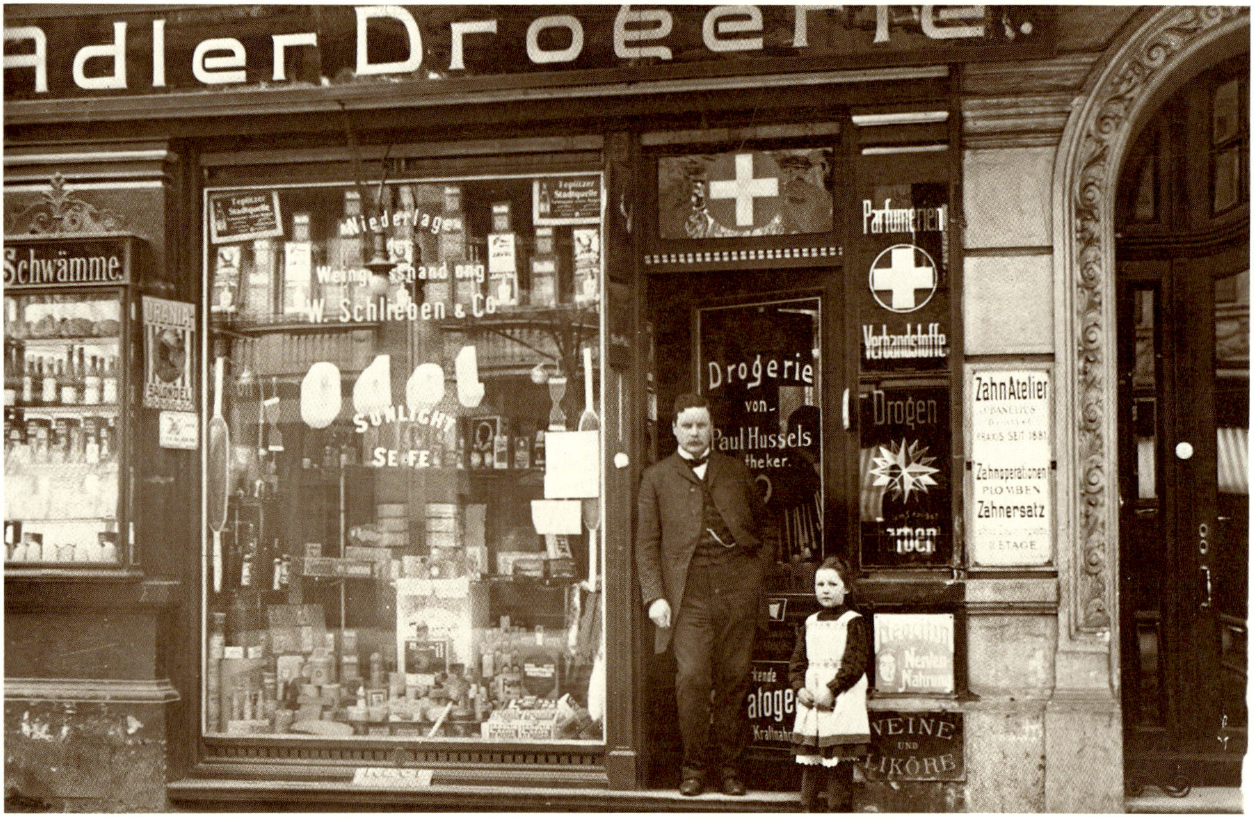

Drogerie, Grunewaldstraße 72, Schöneberg, um 1914

Die Devise der Avantgarde heißt am Vorabend des Ersten Weltkrieges: Platz sparen, Zeit sparen, die Kraft wirksam nutzen, Planung, Höchstleistung und Effizienz. Der Drogist stellt sich darauf ein und bietet eine besonders kompakte Kraftnahrung für Arbeiter, Sportler und Wanderer an. In weiser Voraussicht auf die Grenzen des neuen Menschenbildes erweitert er sein Angebot um das Sortiment einer Weinhandlung.

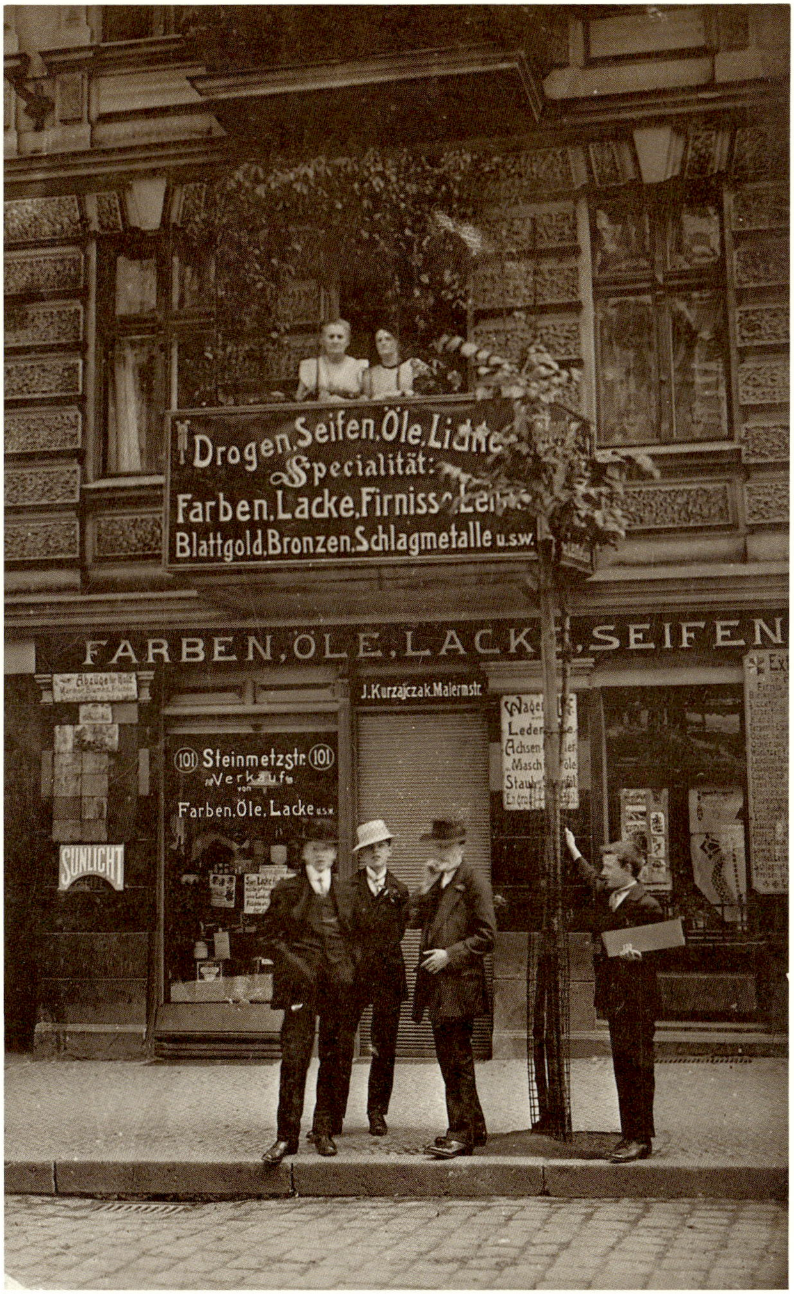

Der Berliner Bauboom zog zahlreiche Umzüge nach sich. Das brachte viel Arbeit für Maler und Innendekorateure. Hier kauften sie ihre Farben, aber auch ihre Schablonen für eine dekorative und ornamentale Ausmalung der Innenräume. Auch Künstler erstanden hier die Materialien zum Anrühren der Ölfarben, die jeder Maler noch nach eigenem Rezept herstellte.

Farbengeschäft, Steinmetzstraße 41, Neukölln, um 1914

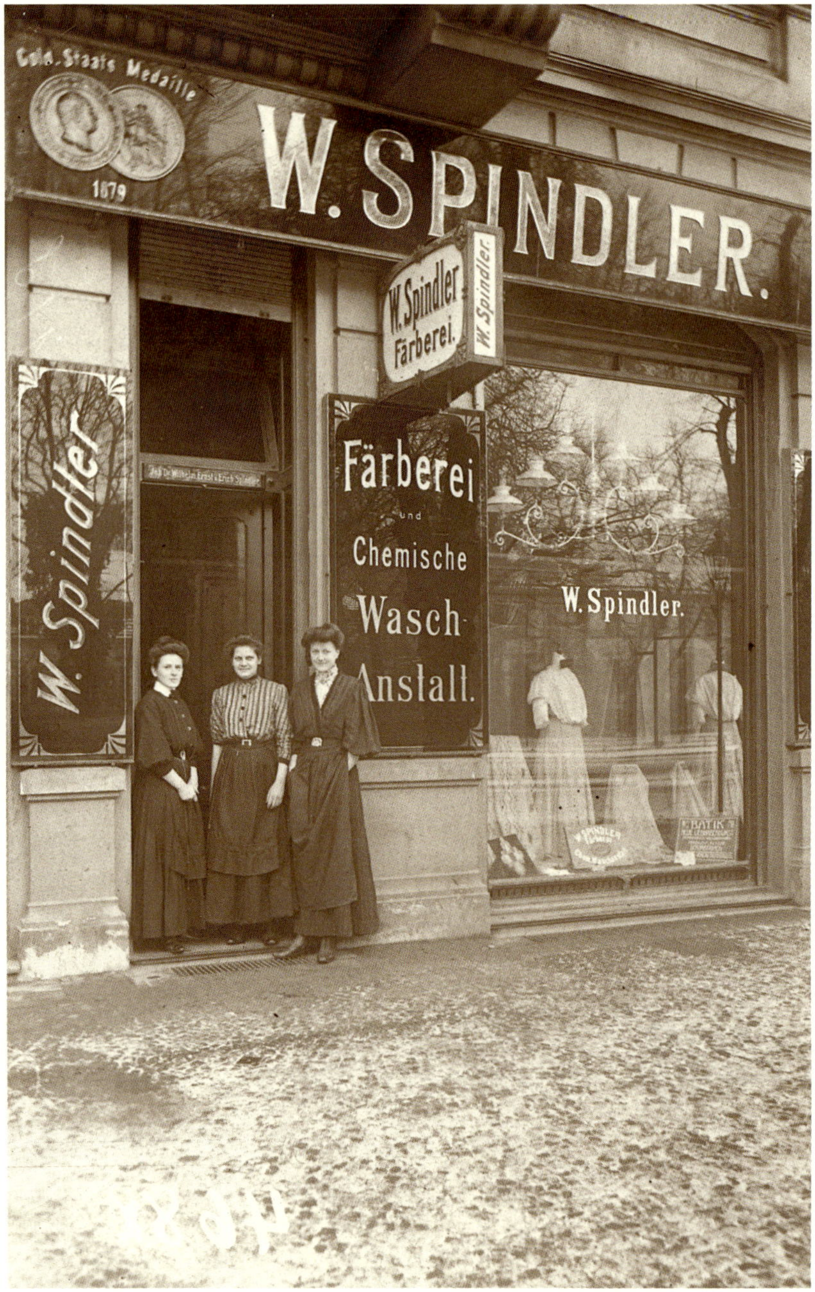

Die Firma Spindler aus Spindlersfeld bei Köpenick verfügte 1913 über 63 Filialen im Einzugsbereich der Stadt Berlin und über mehr als 1000 Annahmestellen im Deutschen Reich. Hier konnten Hausfrauen ihre Gardinen und ihre Schrankwäsche neu mit Appretur ausrichten lassen. Witwen ließen sich ihre Kleider schwarz färben, und nach der Saison wurden die empfindlichen Ballkleider einer Benzinwäsche unterzogen. Dazu beschäftigte Spindler mehr als 2 000 Angestellte.

Chemische Reinigung und Färberei, 1909

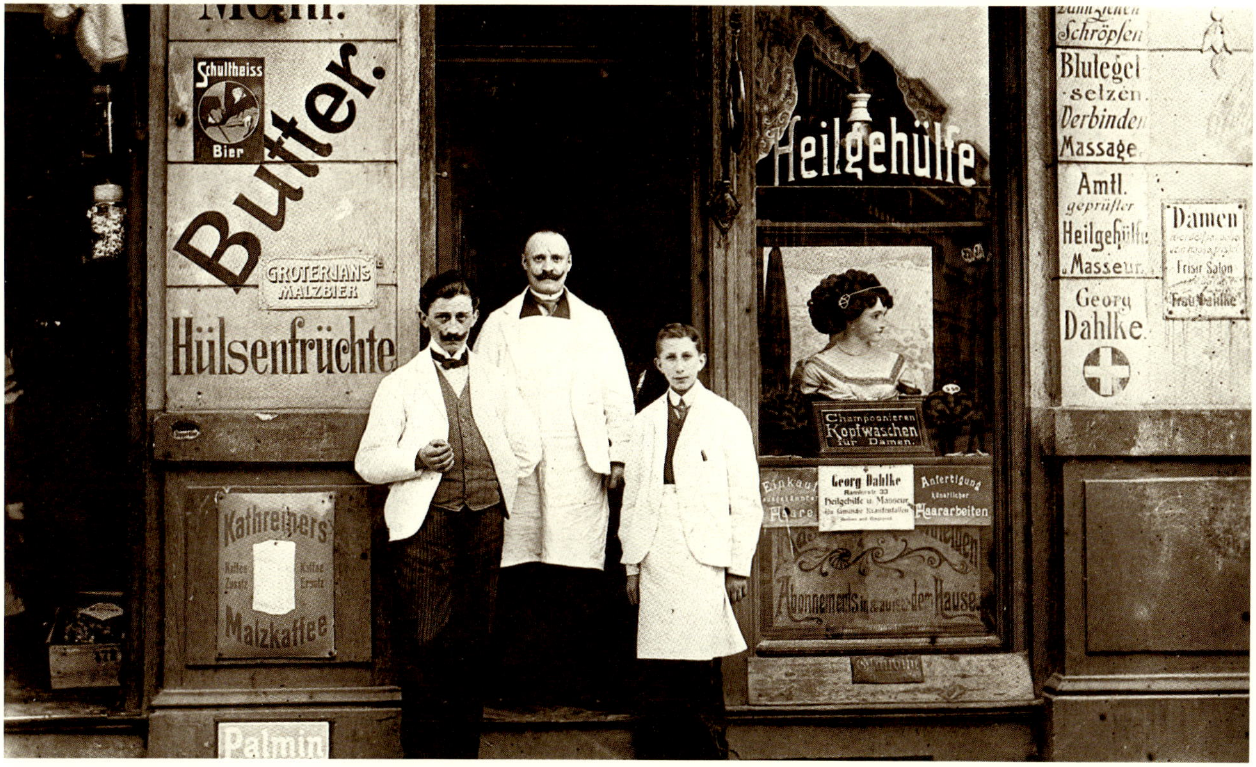

Barbier, Ramlerstraße 33, Wedding, 1911

Friseure mit Heilgehilfen- und Masseurprüfung unterstanden der Aufsicht des Kreisarztes. Ihnen war die Behandlung äußerer Leiden in ihren Räumen erlaubt. Von Drogisten und Apothekern wurde heftig bekämpft, daß man beim Friseur noch solche harmlosen Mittel wie Kopfwehpulver und Salben gegen Rheuma und Gicht kaufen konnte. Die Friseure konterten, daß die Drogisten schließlich auch Bürsten und Kämme verkauften, obwohl es sich da allein um Friseurzubehör handele.

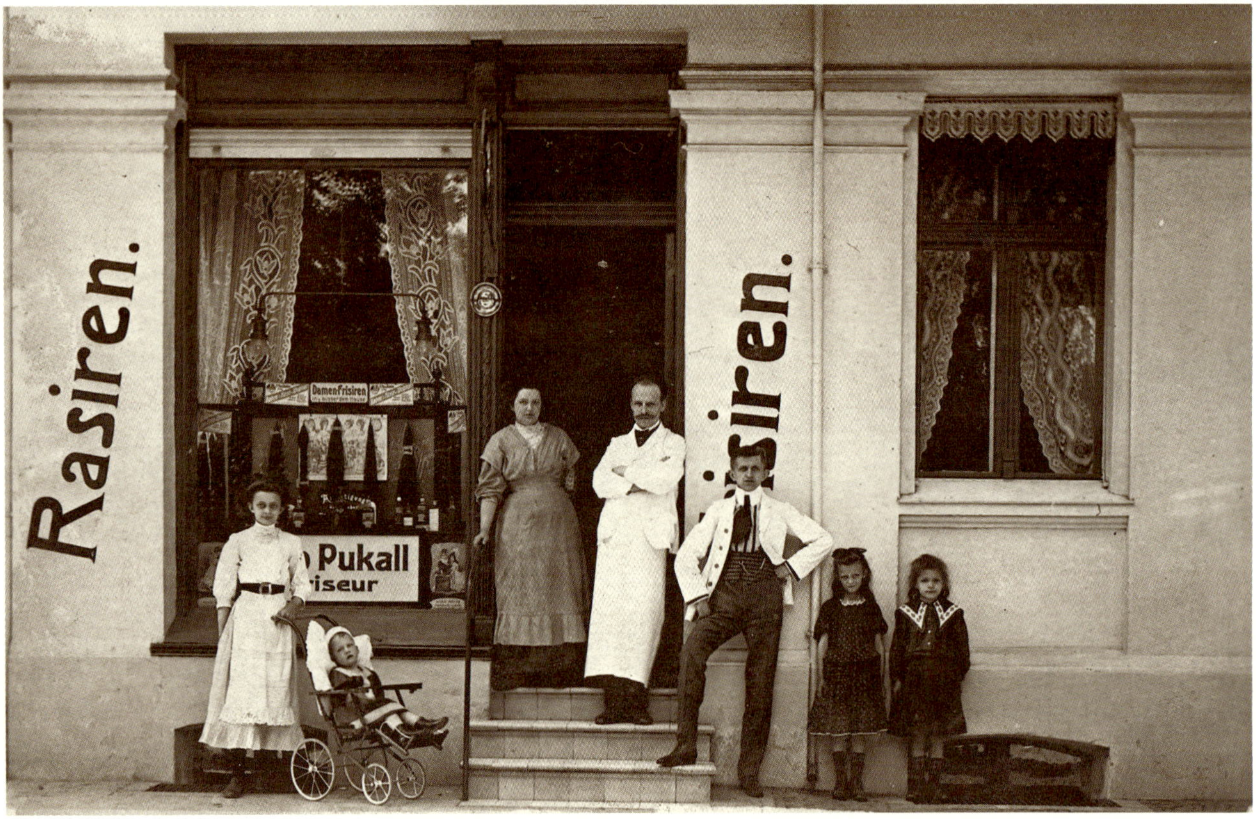

Friseur, Amendestraße 106, Reinickendorf, um 1908

An Sonn- und Feiertagen schreibt die Polizeiverordnung den Friseuren wie auch allen anderen Ladenbesitzern vor, ihre Schaufenster auszuräumen, mit Jalousien zu verschließen oder mit Gardinen zu verhängen. So wollte man sicherstellen, daß die Bevölkerung auf ihrem Kirchgang nicht durch weltliche Reize abgelenkt wird. Das Resultat war, daß die Fassade für Werbezwecke herhalten muß.

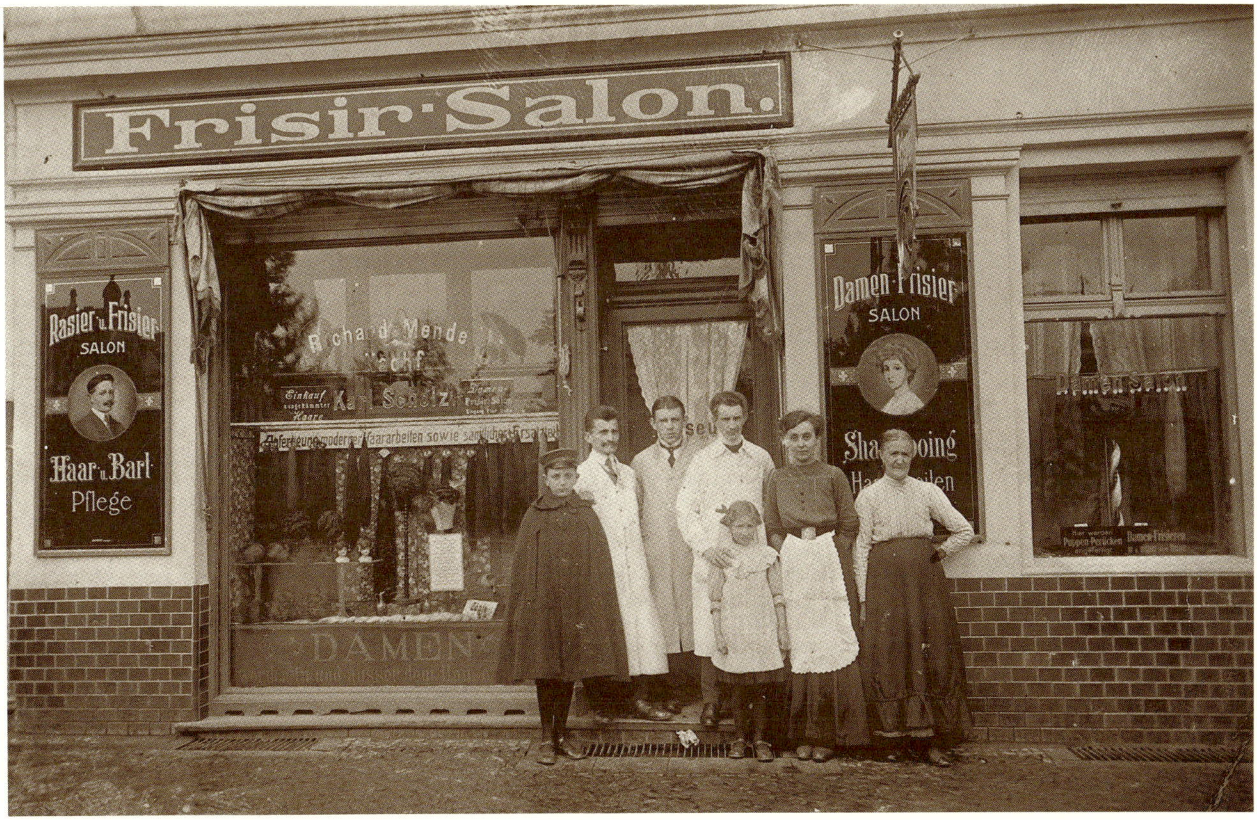

Friseur, Schulstraße 117, Wedding, 1914

Die Polizeiverordnung verlangte von den Friseuren ein Mindestmaß an Hygiene. So war es verboten, den Salon an sogenannte „Schlafburschen" zu vermieten. Kunden mit Hautkrankheiten durften nicht bedient werden. Verboten war auch, dem Kunden nach der Rasur das Gesicht mit einem Schwamm abzuwischen. Dazu mußte eine „stets saubere" Serviette benutzt werden. Von einem Barbier im Norden Berlins wurde berichtet, daß er sogar für jeden seiner Kunden einen eigenen (insgesamt 500 verschiedene) Rasierpinsel bereithielt.

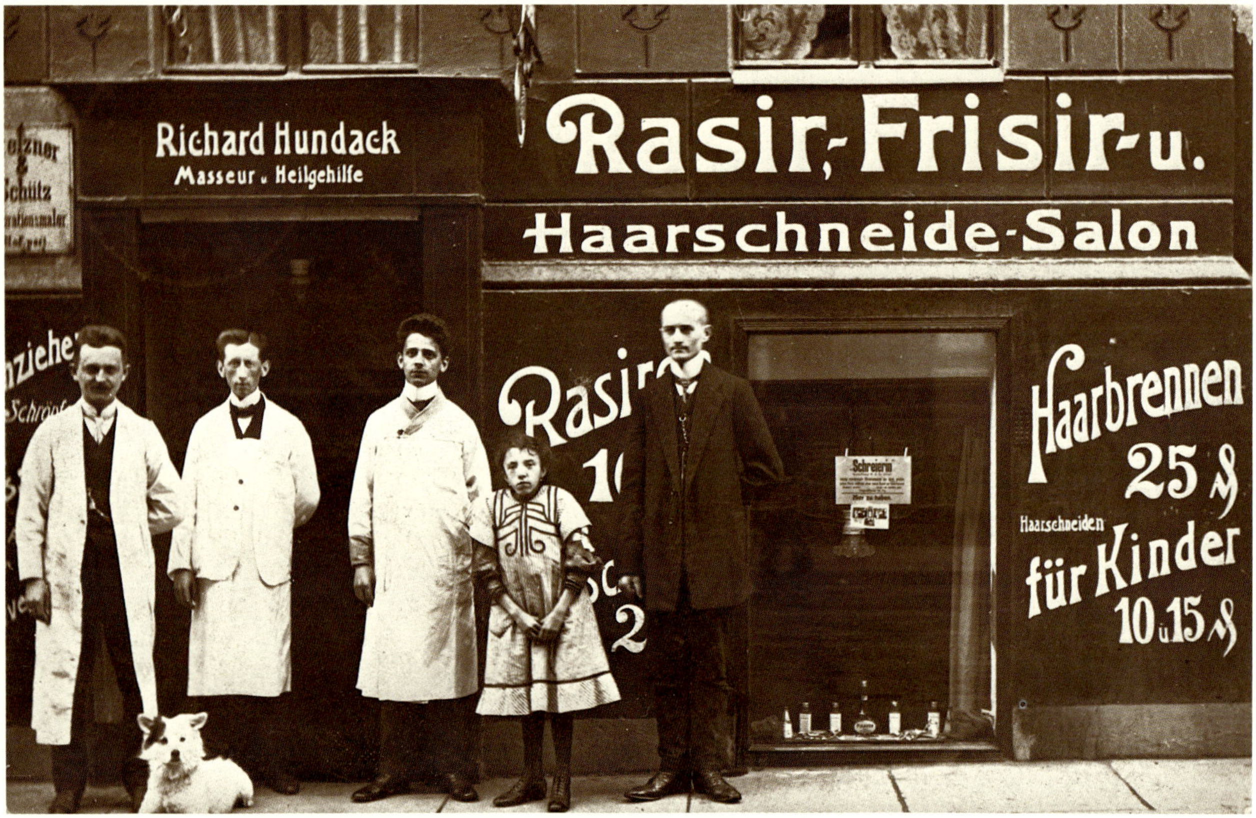

Friseur, Blumenstraße 52, Friedrichshain, 1911

In den Berliner Arbeitervierteln gab es viele dieser sogenannten „Sechser-Barbiere", die für den Haarschnitt den halben ortsüblichen Preis berechneten. Sie arbeiteten mit der amerikanischen Kahlkopfhaarschneidemaschine. An den Wochenenden hoben sie jedoch in der Regel den Tarif etwas an. Die erste Prüfungsordnung für Friseusen wurde 1906 beschlossen. Doch bis zum Ersten Weltkrieg ist der Friseurberuf noch ganz in männlicher Hand.

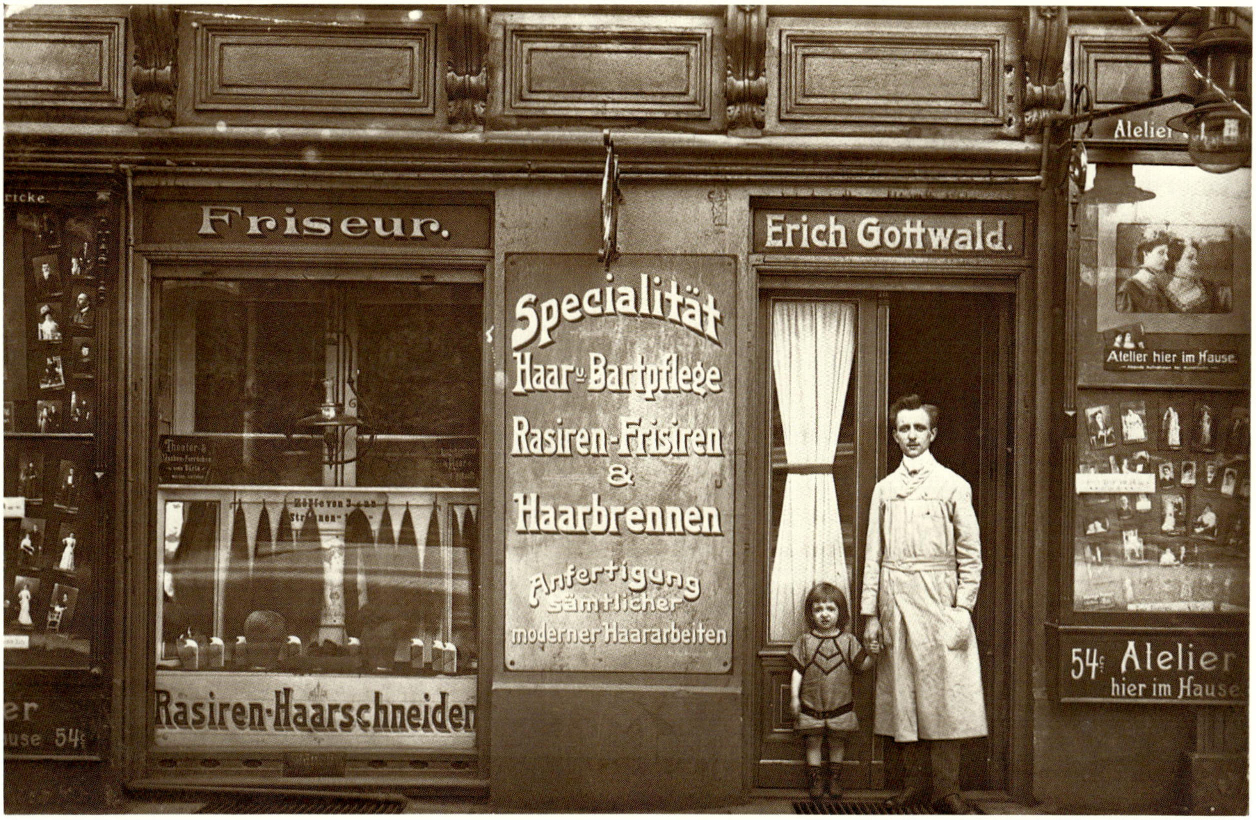

Friseur, Skalitzer Straße 54 c, Kreuzberg, 1911

Die Friseurläden waren an Werktagen vom frühen Morgen bis abends um 21 Uhr, an Sonntagen bis 14 Uhr geöffnet. Zwar durften Friseure nach den üblichen Ladenschlußzeiten keine Waren verkaufen, doch gab es immer wieder Konflikte mit anderen Gewerben wegen der schwierigen Überprüfbarkeit dieser Vorschrift. Weil die Friseure u. a. auch Zigaretten und Seifen verkauften, sahen besonders Tabakläden und Drogerien in den abweichenden Ladenschlußzeiten eine bedrohliche Konkurrenz.

Schon vor dem Ersten Weltkrieg war es modern, die eigene Haarpracht durch einen falschen Zopf oder ein Haarteil zu ergänzen. Beliebt für die Herstellung von Perücken waren besonders die blonden Haare der Spreewälderinnen. Da sie es

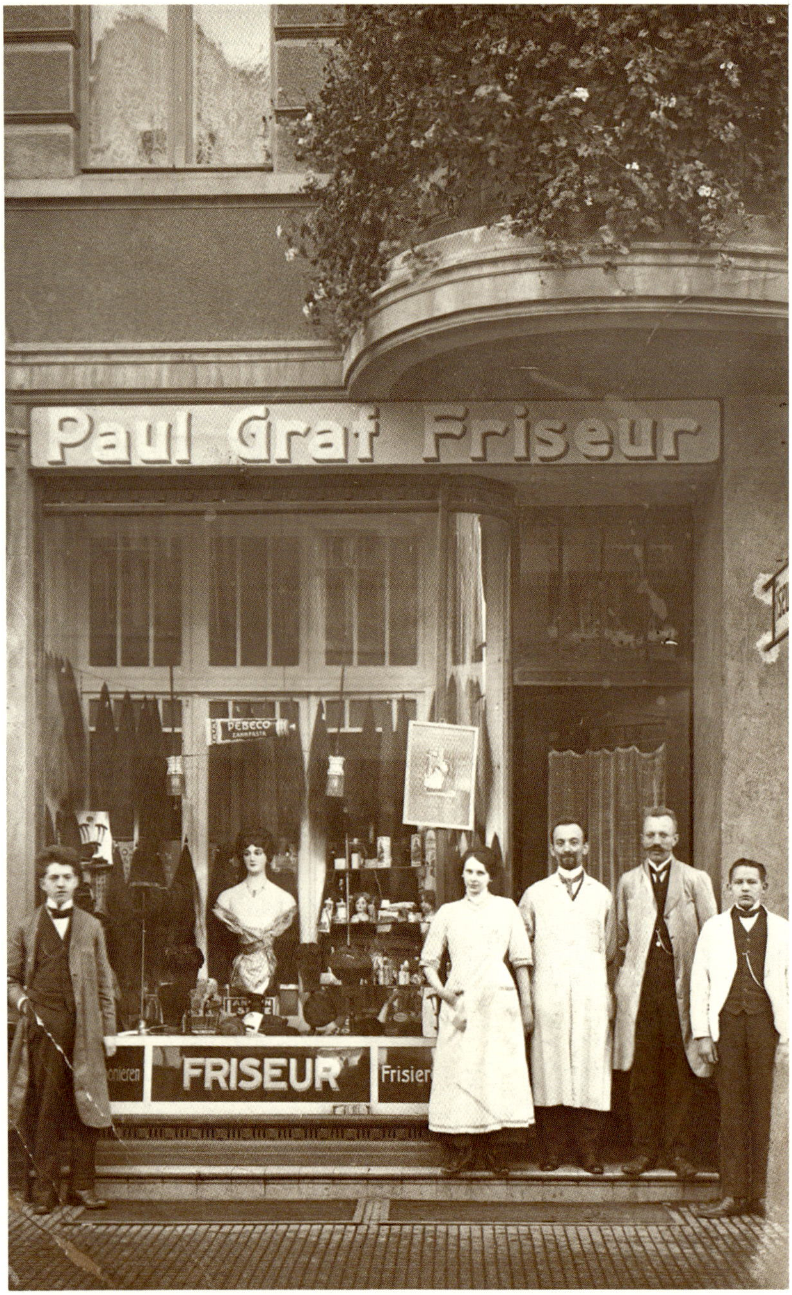

stets unter dem Kopftuch trugen, fiel es ihnen besonders leicht, sich von ihrem langen Haar zu trennen. Für so einen Zopf zahlten die Haarhändler je nach Gewicht bereits vor dem Ersten Weltkrieg zwischen 30 und 90 Mark.

Friseur, Bromberger Straße 26, 1914

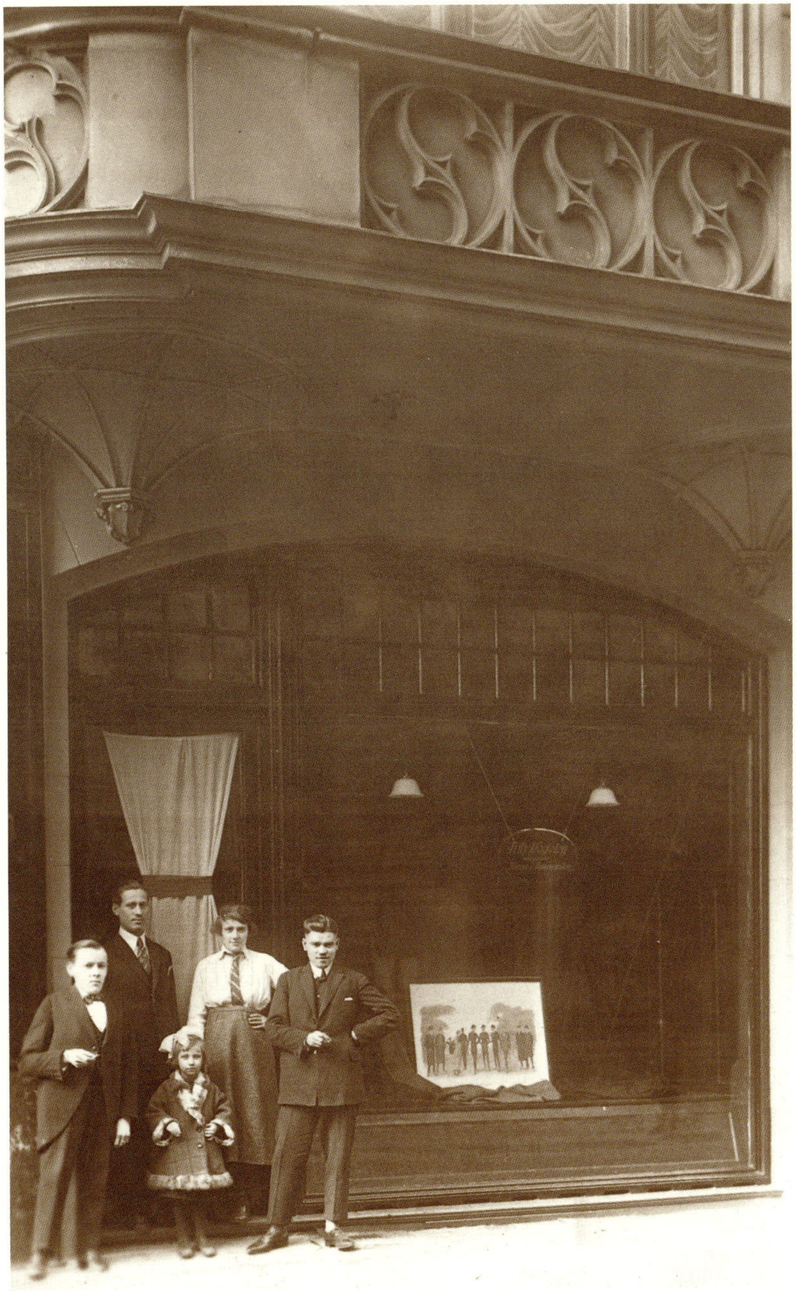

Das Bild der modischen Eleganz und der Erscheinung von Welt ist der Maßstab, an dem sich der Berliner Kleinbürger ausrichten möchte. Auch der Schneider will, daß seine Familie und seine Gesellen so gekleidet sind. Seine Kunst ist um so größer, je geringer der Bruch zwischen Realität und modischer Utopie ausfällt.

Schneider, Passauer Straße 19, Schöneberg, um 1929

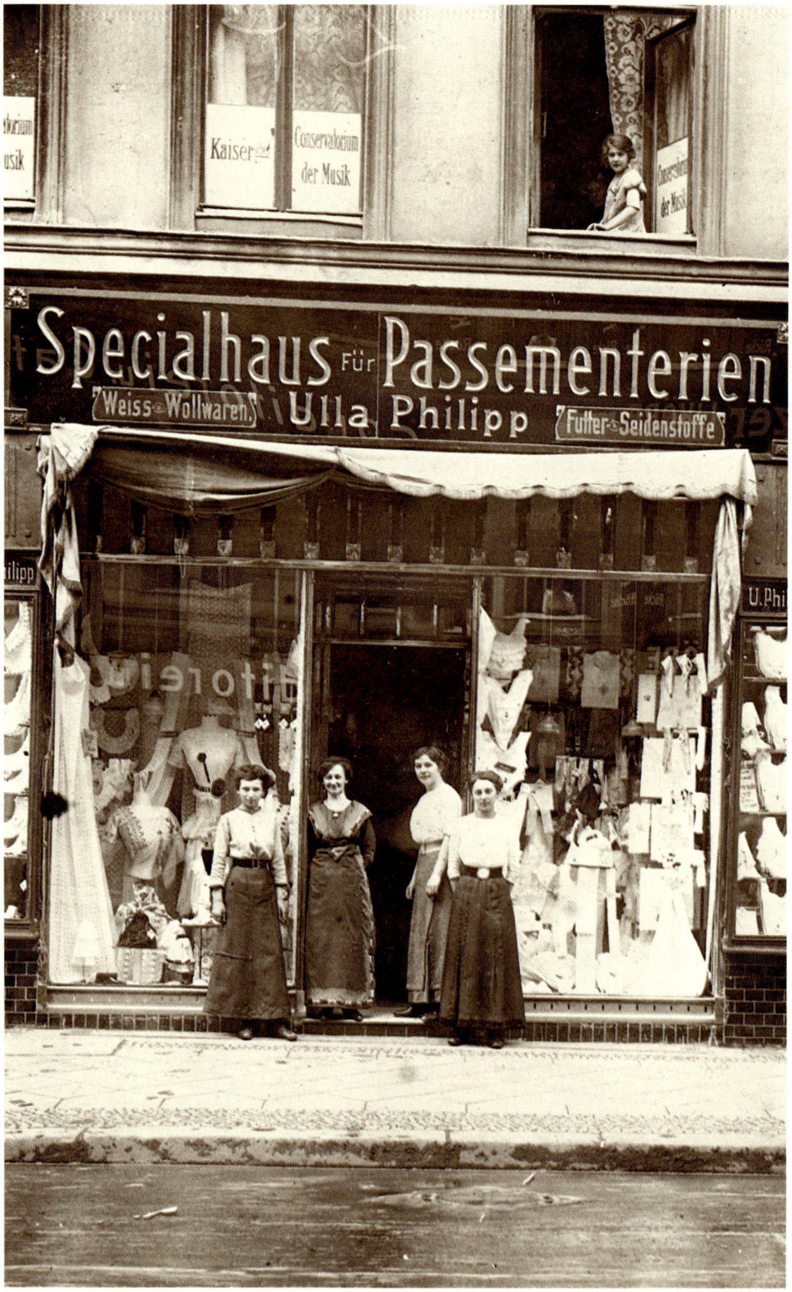

Unzählig ist die Zahl der Spitzen, Litzen, Borten, Quasten, Fransen, Schnüre und Tressen, die über solche Geschäfte für Posamentierwaren in den Handel kamen. Sie waren aus Baumwolle, Wolle oder Seide, mit Gold und Silber durchwirkt, und es gab sie in allen Farben. Sie zierten die Gardinen oder das wilhelminische Sofa, die Uniform oder das festliche Kleid.

Kurz-, Weiß- und Wollwarenhandlung, Oranienstraße 38, Kreuzberg, 1912

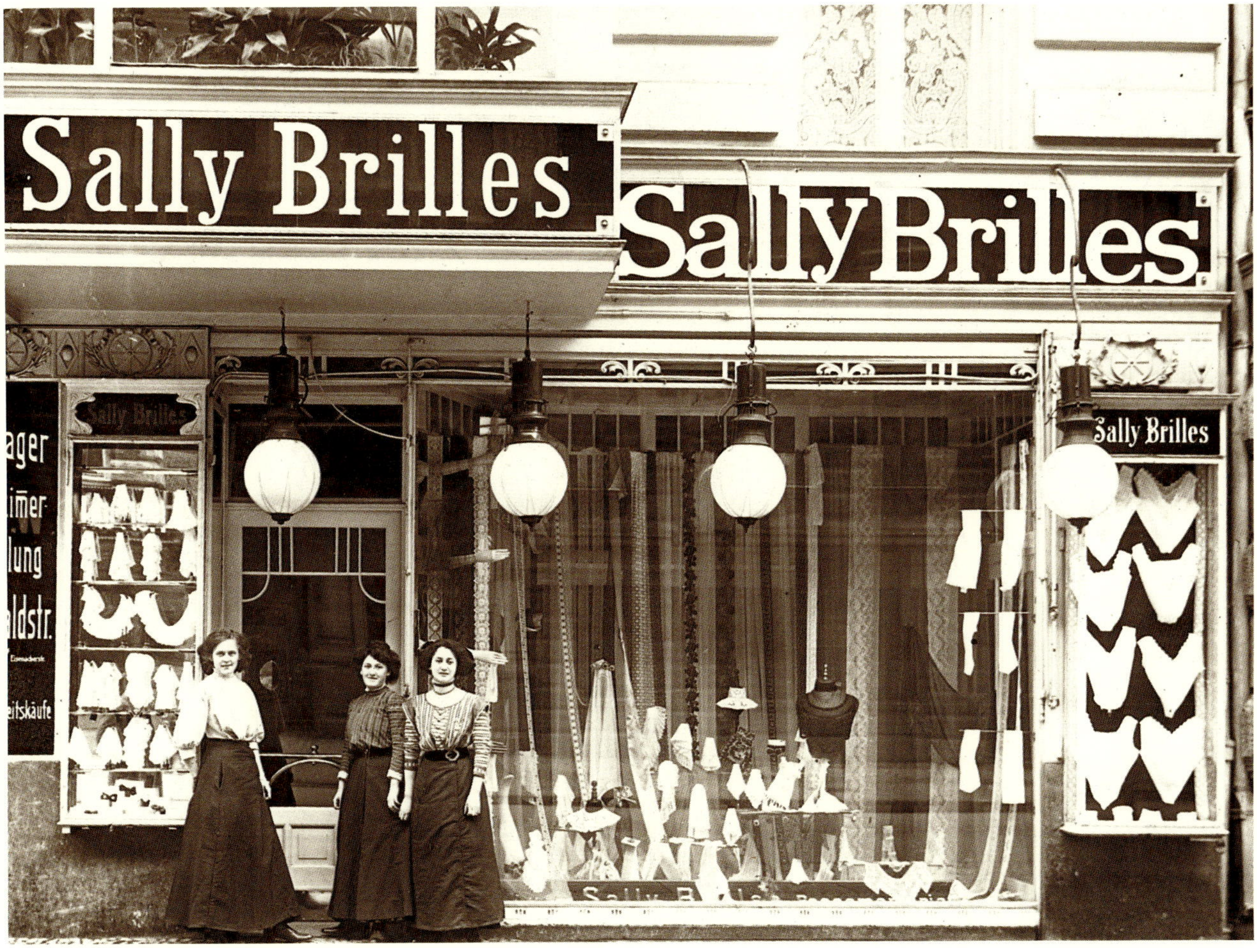

Passementerie, Marburger Straße 17, Schöneberg, 1911

Die Kragenmode änderte sich von Saison zu Saison. Noch 1908 gab es in Berlin fast 700 Läden für Posamentenwaren. „Posamenterie" oder „Passementerie" heißt der Handel mit Krägen, Einsätzen und anderen Wirkwaren aus Spitzen. Hier deckte sich die modebewußte Berlinerin ein.

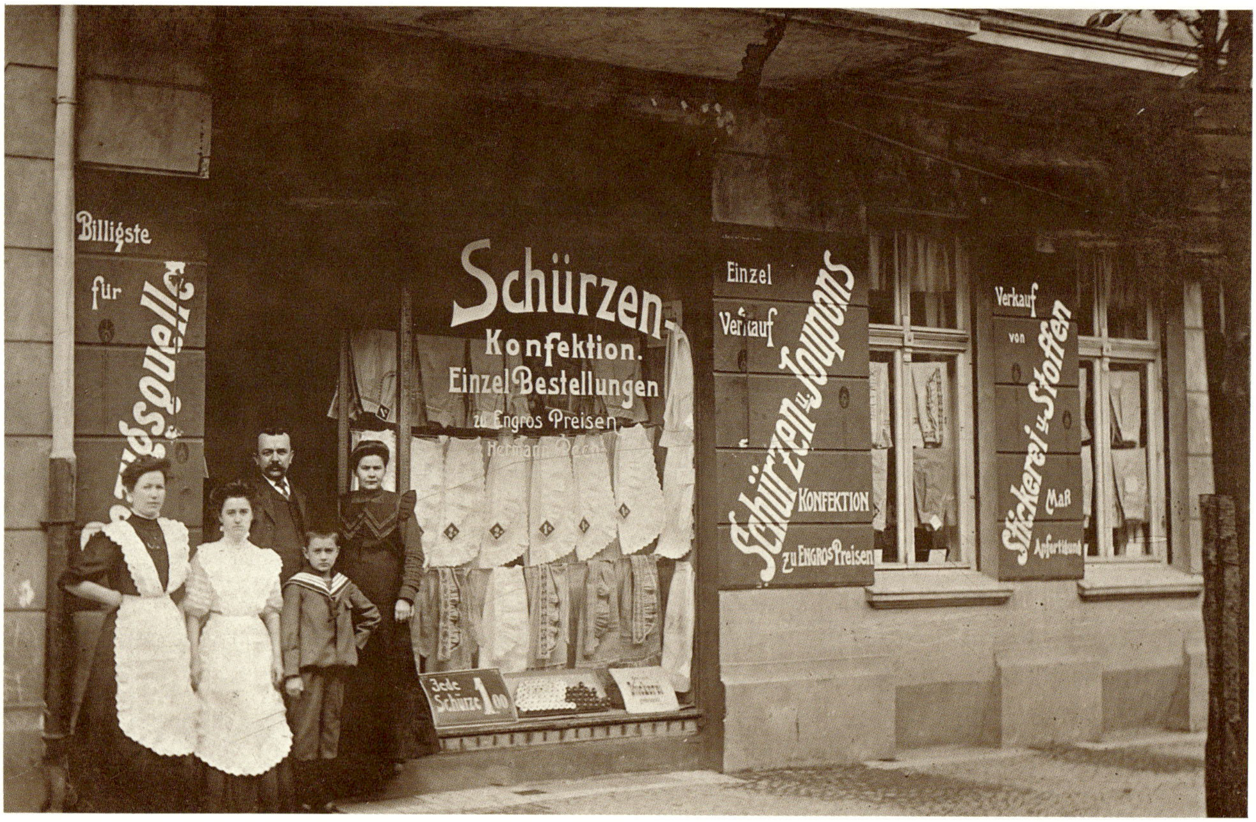

Schürzennäherei, Scharnweberstraße 16, Lichtenberg, um 1910

Der Inhaber dieses Betriebes läßt Schürzen in Heimarbeit nähen und verkauft sie dann an Serviererinnen, Köchinnen, Verkäuferinnen und auch an Hausfrauen. Insbesondere die Frauen aus unteren sozialen Schichten können sich kein ganzes Kleid leisten. Sie tragen Bluse, Rock und Schürze. Das hat Kostengründe. Bei einem Brandfleck oder einem Riß ist nur ein Teil verdorben. Erst mit der Entwicklung der Massenkonfektion und der pflegeleichten Stoffe verändern sich die Kleidergewohnheiten arbeitender Frauen radikal.

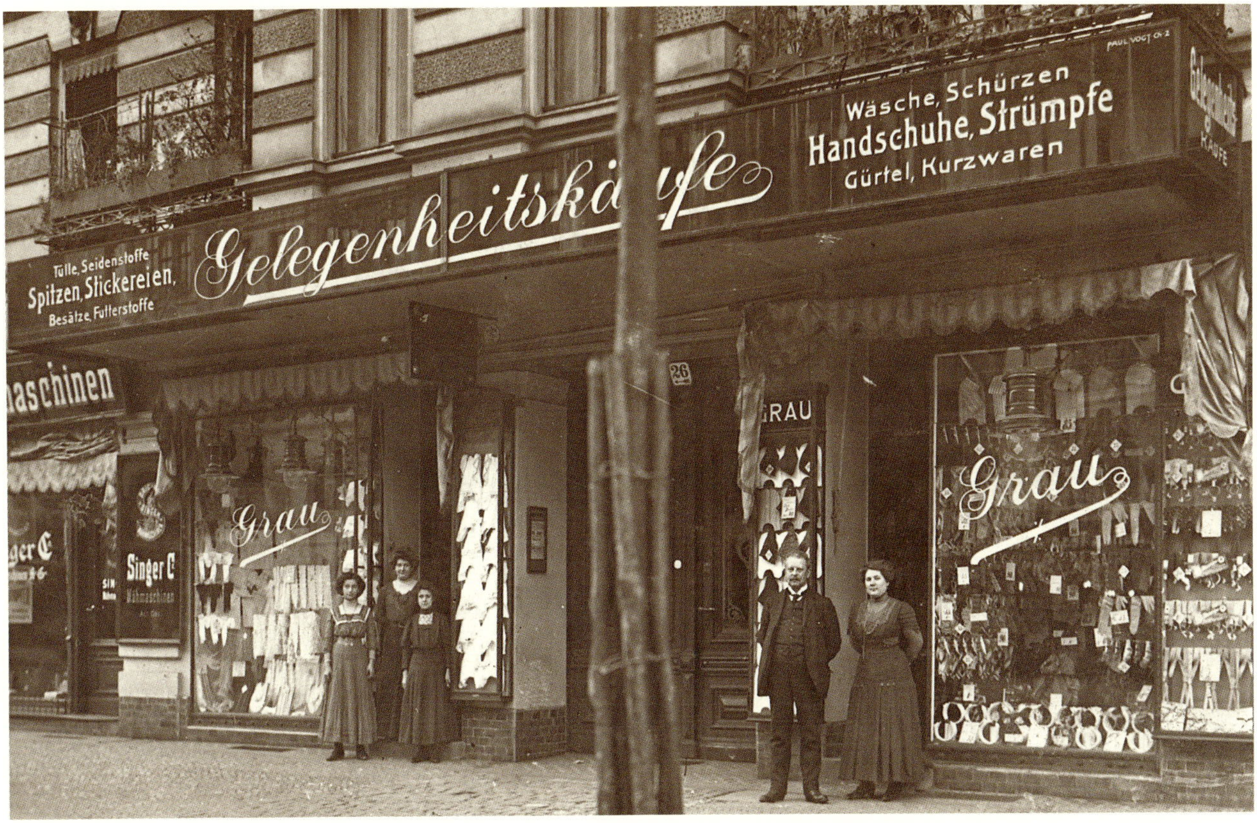

Textilhandlung, Kantstraße 26, Charlottenburg, um 1913

Aus den Posamentenläden entwickeln sich solche Läden für Gelegenheitskäufe, Vorläufer der Kaufhauskultur und Konkurrenten der ersten Kaufhäuser. Diese Geschäfte werden von den Frauen unterer sozialer Schichten förmlich gestürmt. Auch für dieses Phänomen haben die Berliner ihren Spruch: „Wer bei Grau kauft, bringt nichts von Wert heim."

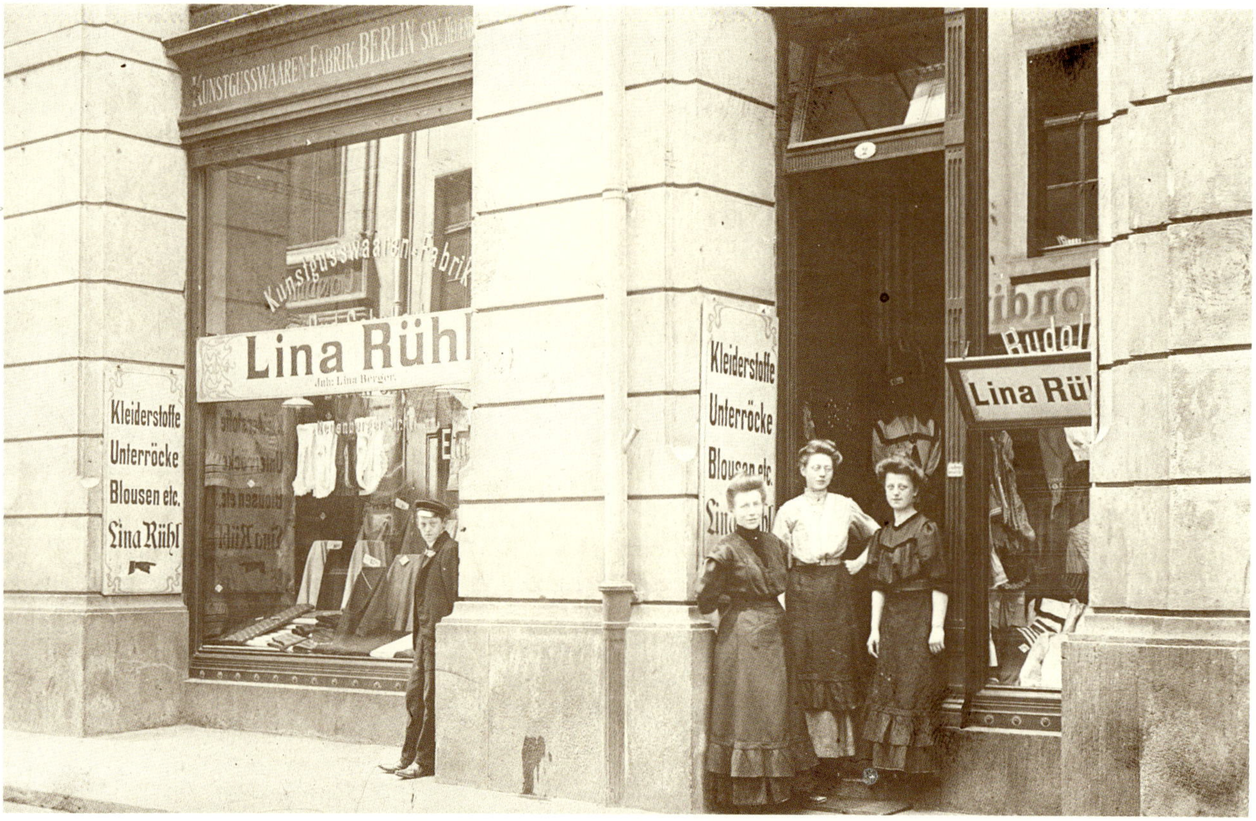

Stoffhandlung, Neuenburger Straße 16, Kreuzberg, 1912

Die kleinen Läden schließen so schnell, wie sie öffnen. Dort, wo eben noch Kunstgußwaren verkauft wurden, siedelt jetzt ein Geschäft für Kleiderstoffe und Damenwäsche. Da hier vor allem Frauen einkaufen, hat der Ladeninhaber auch Frauen als Verkäuferinnen eingestellt.

Die Schuhfabrikation bediente sich relativ früh industrieller Fertigungsverfahren. Die Schuhe kaufte man nicht mehr beim Schuster in der Werkstatt, sondern bei einem Verkäufer in einem Schuhladen. Kleine Schuhgeschäfte wurden häufig

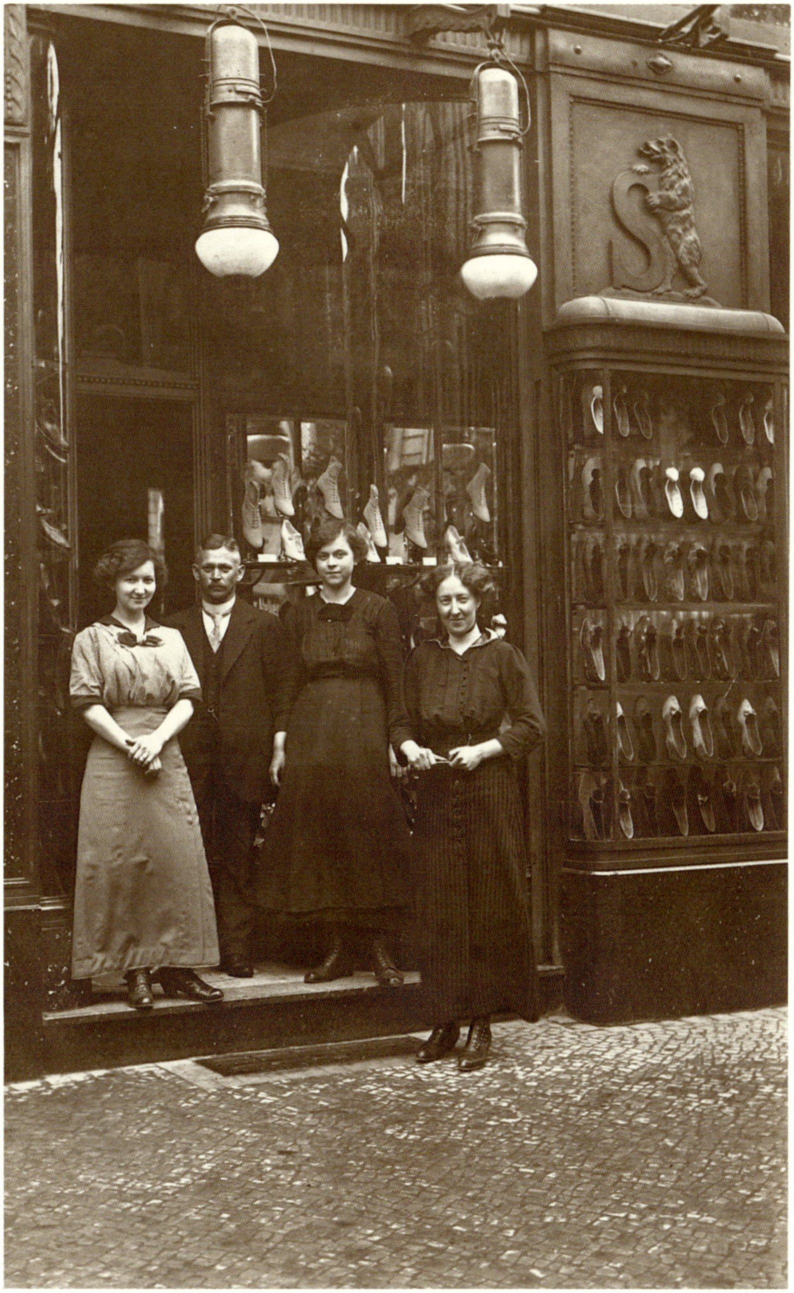

von großen Handelsunternehmen aufgekauft und in Filialgeschäfte umgewandelt. Schuhverkäufer, die in diesen Betrieben arbeiteten, erhielten eine sorgfältige Ausbildung nicht nur fachlicher, sondern auch psychologischer Art.

Schuhgeschäft, 1915

Solche Läden verkauften ein Stück Glanz für den Alltag. Auch Postkarten mit idyllischen Motiven konnte man hier erwerben. Aus einem Posamentengeschäft ging auch das Kaufhaus Wertheim hervor.

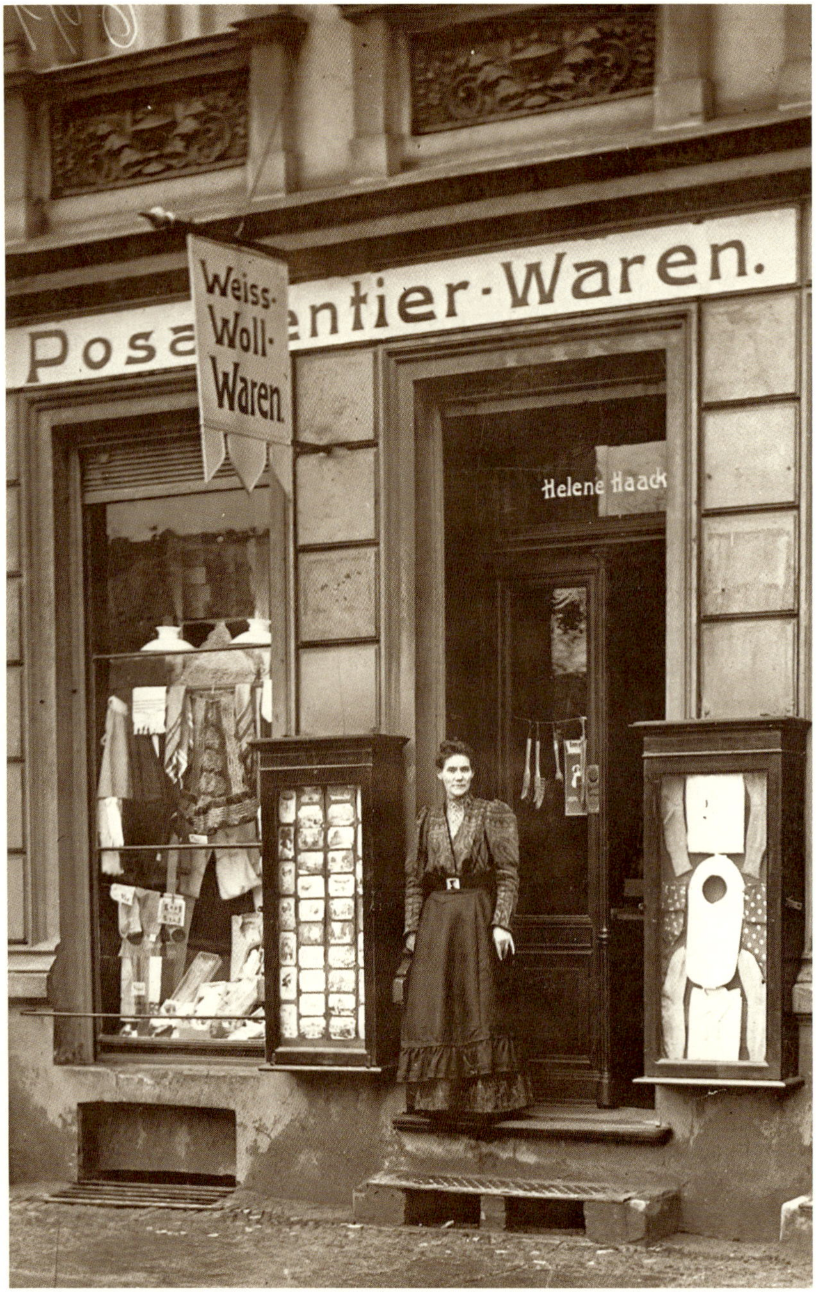

Passementerie, Elisabethufer 12, Kreuzberg, um 1909

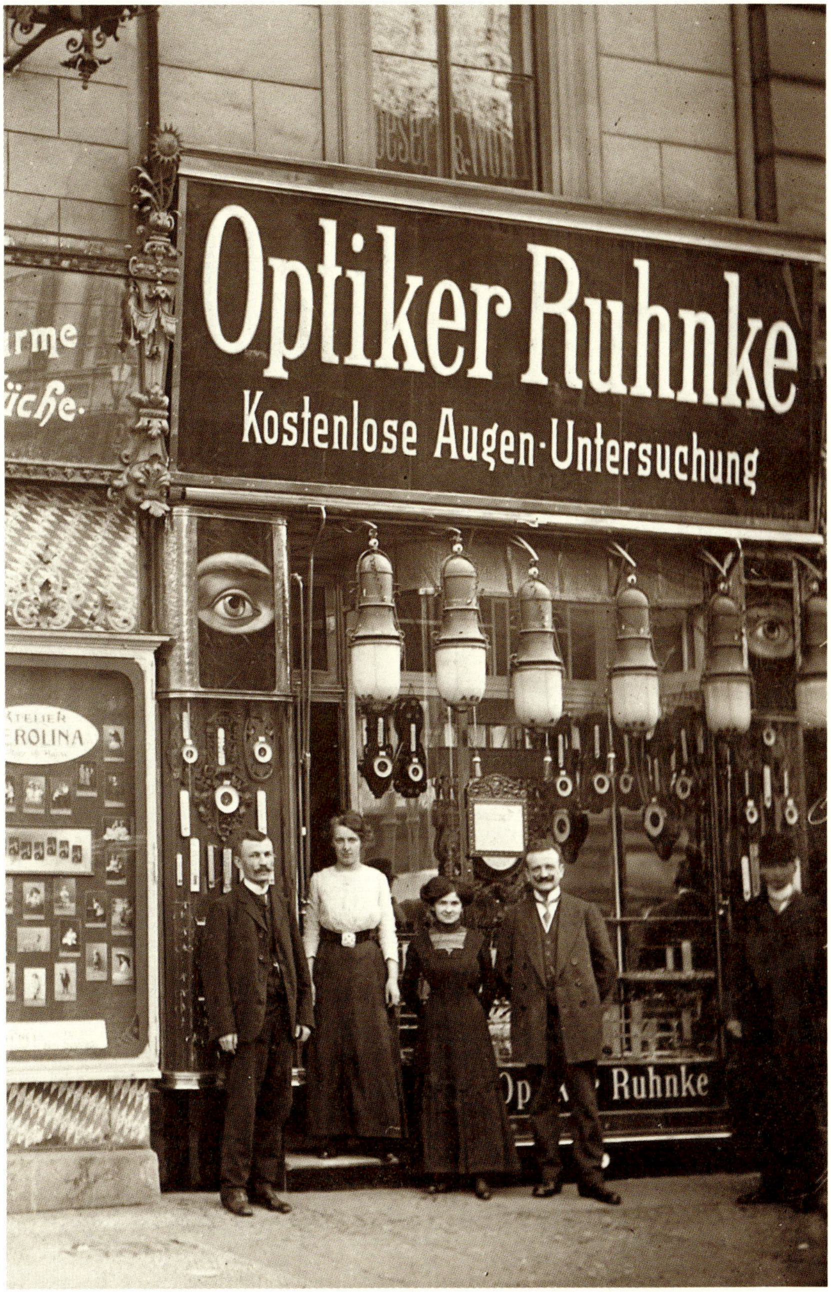

1896 in der Alexandrinenstraße gegründet, hatte der Optiker Ruhnke 1910 schon 7 Filialgeschäfte in Berlin. In Abwandlung eines Werbespruches dichteten die Berliner in den 20er Jahren: „Sind's die Augen, geh zu Mampe, gieß Dir einen auf die Lampe, brauchste nich zu Ruhnke gehn, kannste alles doppelt sehn."

Optiker, Oranienstraße 44, Kreuzberg, 1910

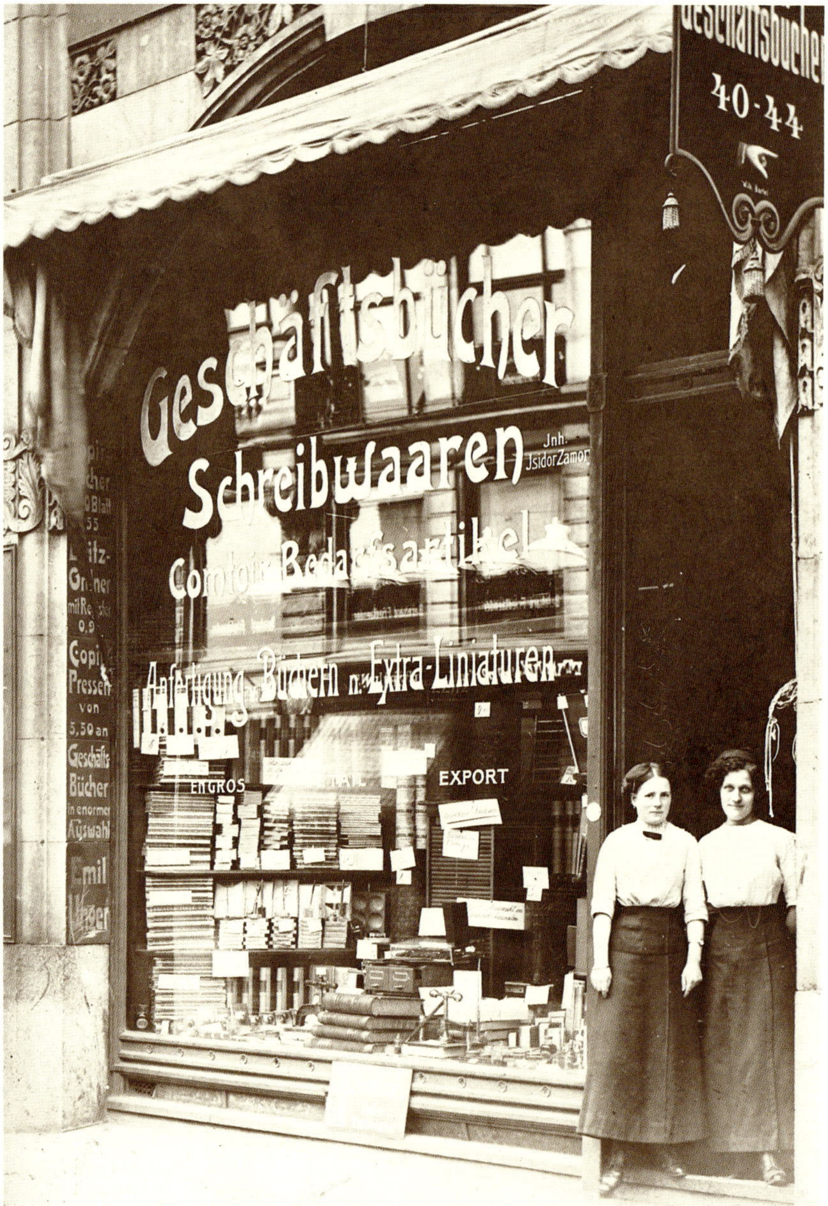

In der Metropole Berlin siedeln sich neben den Regierungsstellen und Behörden zahlreiche Verwaltungen großer Unternehmen an. Auch kleine Unternehmen werden durch die umfangreiche Steuergesetzgebung zu einer komplizierten Buchhaltung gezwungen. All diese Büroarbeiten verursachen einen enormen Bedarf an Geschäftsbüchern mit speziellen Lineaturen.

Schreibwarengeschäft, Spandauer Straße 40, Berlin-Mitte, um 1914

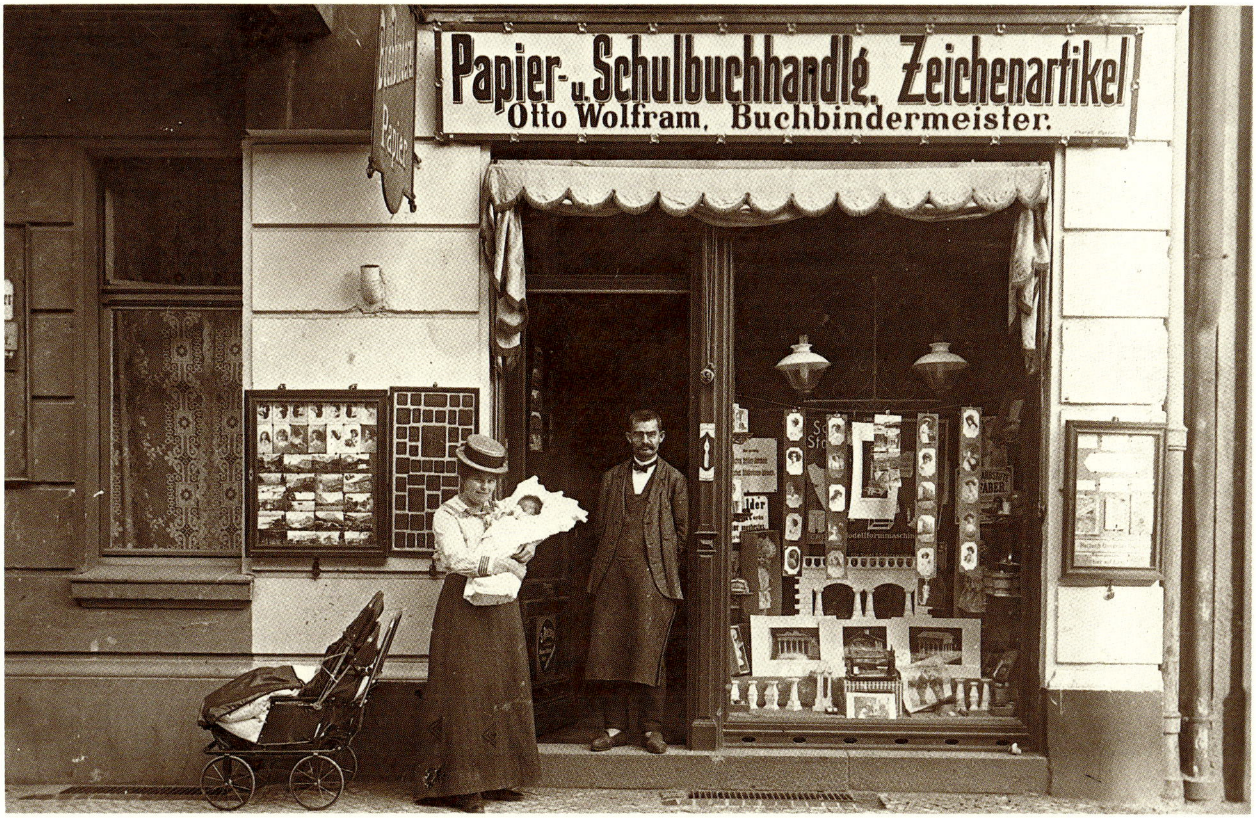

Papier- und Schulbuchhandlung, Cauerstraße 4, Charlottenburg, um 1904

In vielen Familien reicht es allenfalls dazu, die Schulbücher der älteren Geschwister neu binden zu lassen. Auch das pädagogische Spielzeug, das die Schulbuchhandlung neben den Büchern und Schreibwaren verkauft, bleibt für viele Kinder eine unerreichbare Kostbarkeit.

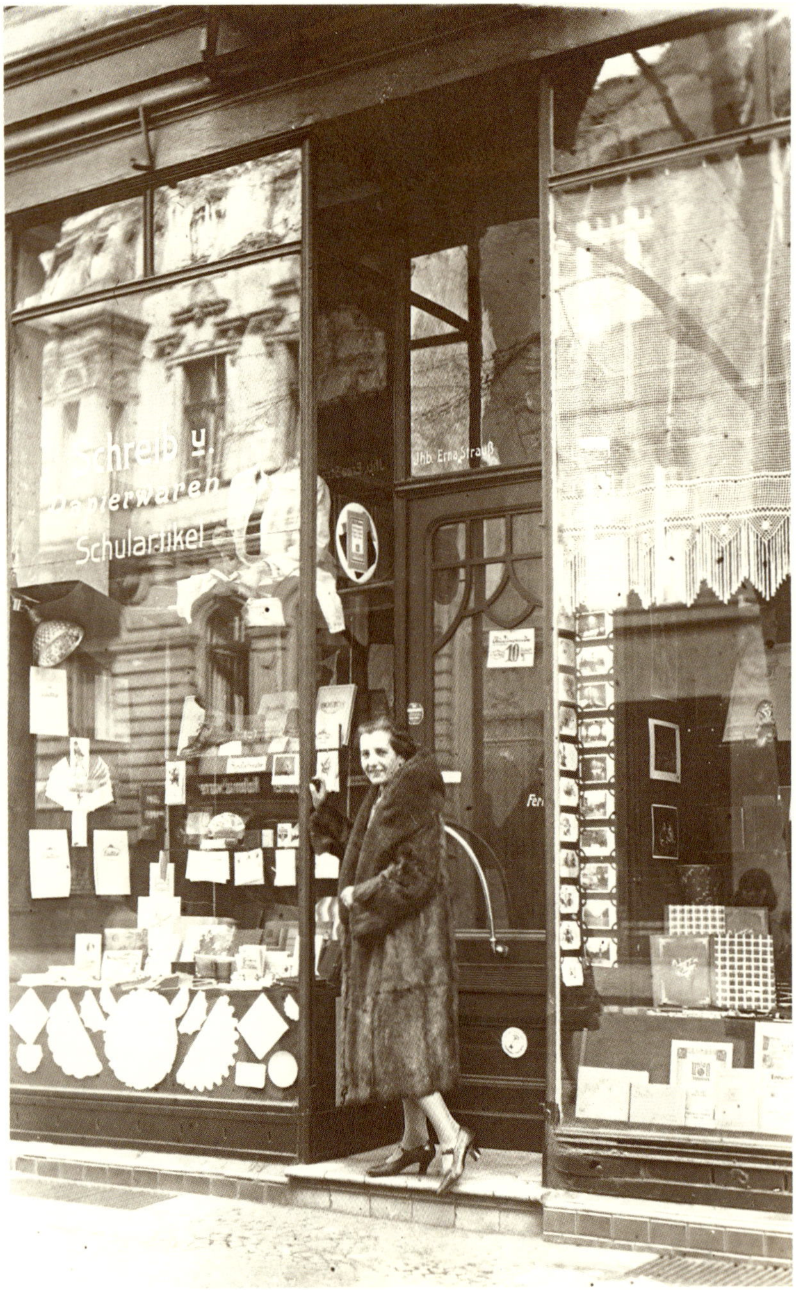

Im Papierladen kaufte man nicht nur Schreibwaren, sondern auch die Monogrammschablonen für die Aussteuer. Mit Hilfe der Schablone wird der Buchstabe auf die Wäsche gezeichnet und dann ausgestickt. Anschließend wird die Tinte wieder ausgewaschen.

Schreibwarengeschäft, Schillerstraße 111, Charlottenburg, um 1930

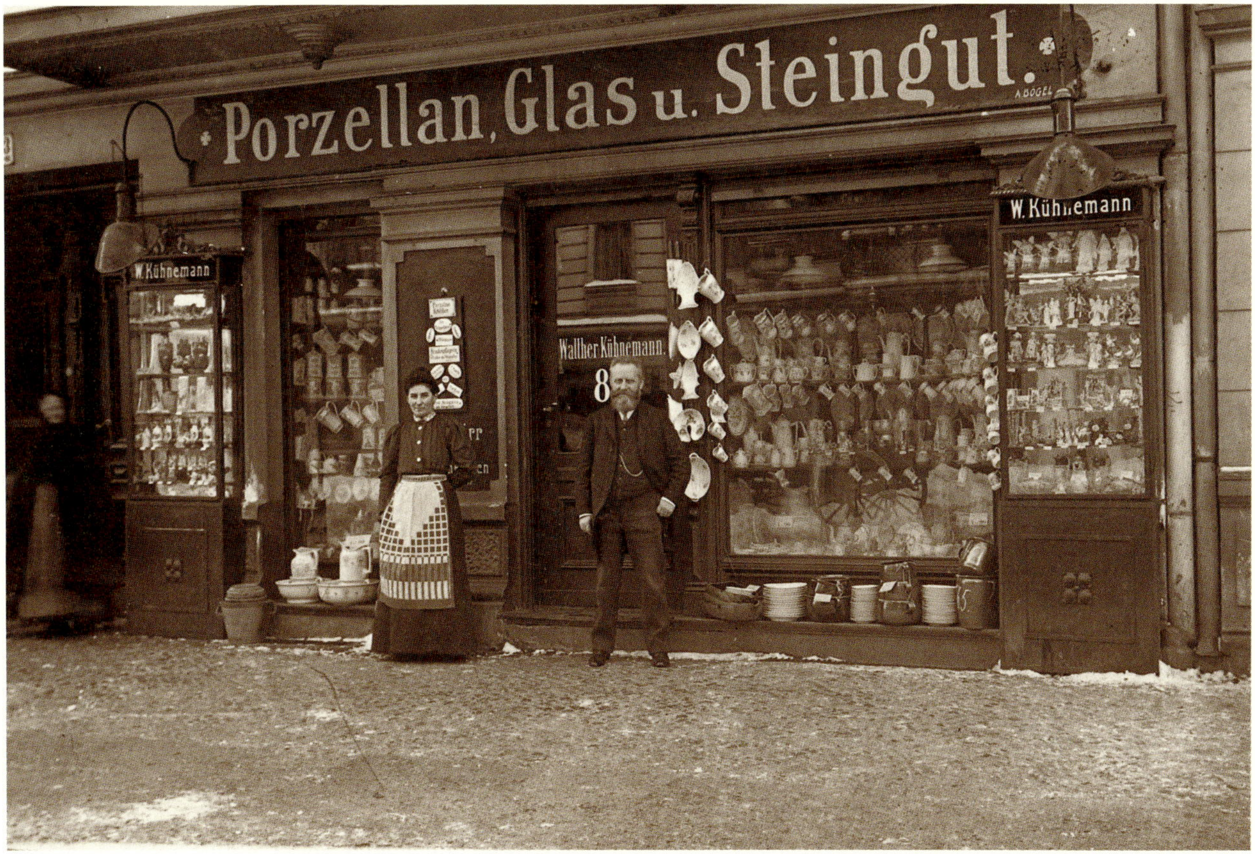

Haushaltswaren, Pestalozzistraße 83, Charlottenburg, 1909

Zeitgenössische Beobachter schätzen, daß vier Fünftel der Berliner Bevölkerung für größere Anschaffungen auf Abzahlungsgeschäfte angewiesen sind. Als größere Anschaffungen gelten Geschirre und Porzellanwaren, Silber, Möbel, Bekleidungsstücke, Taschenuhren, Maschinen, Musikinstrumente, Bücher und Juwelen.

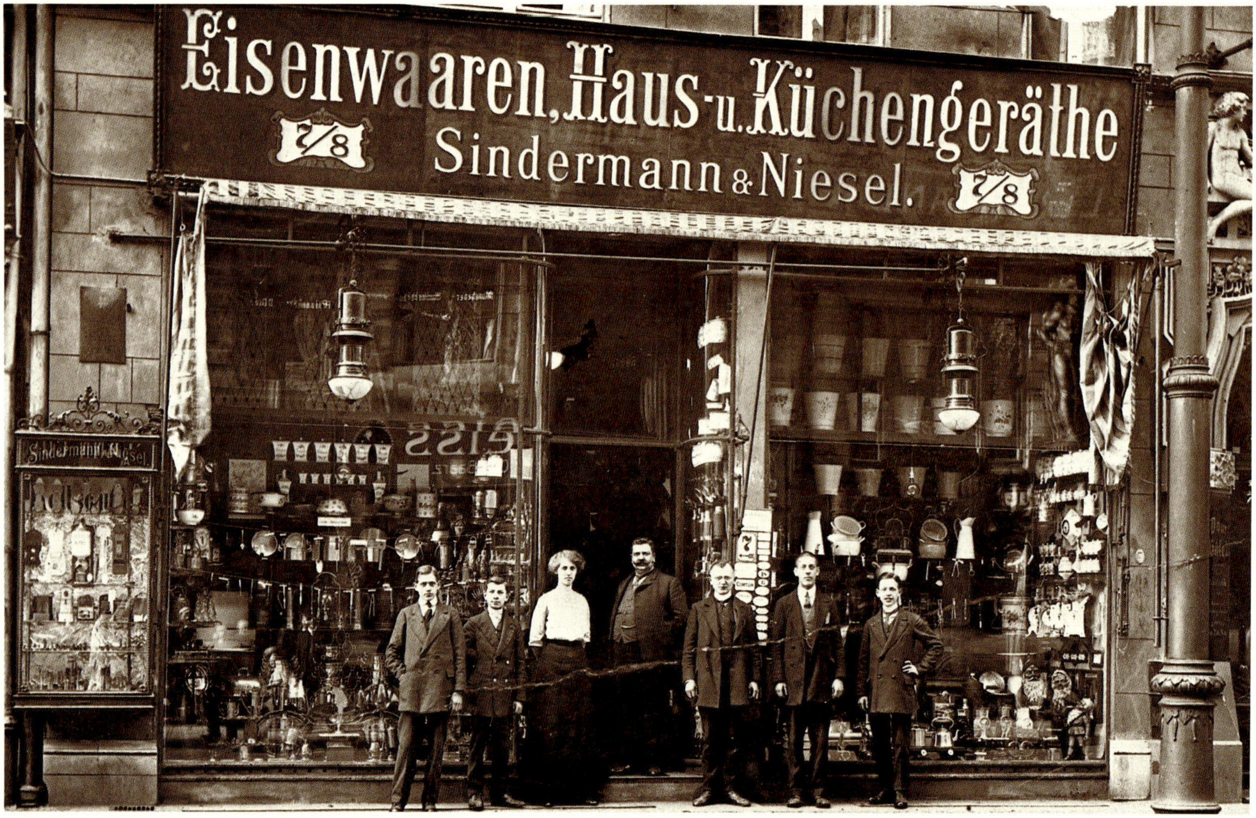

Eisenwarenhandlung, Mittelstraße 7/8, Berlin-Mitte, 1912

Einen großen Aufschwung nimmt seit den 80er Jahren des 19. Jahrhunderts das billige Emaillegeschirr. Es verdrängt die alten Geräte aus Gußeisen, Blech, Zinn, Kupfer oder Steingut, weil es unempfindlicher ist gegen Säure, leichter zu pflegen, ein geringeres Gewicht hat und weil es nicht rostet.

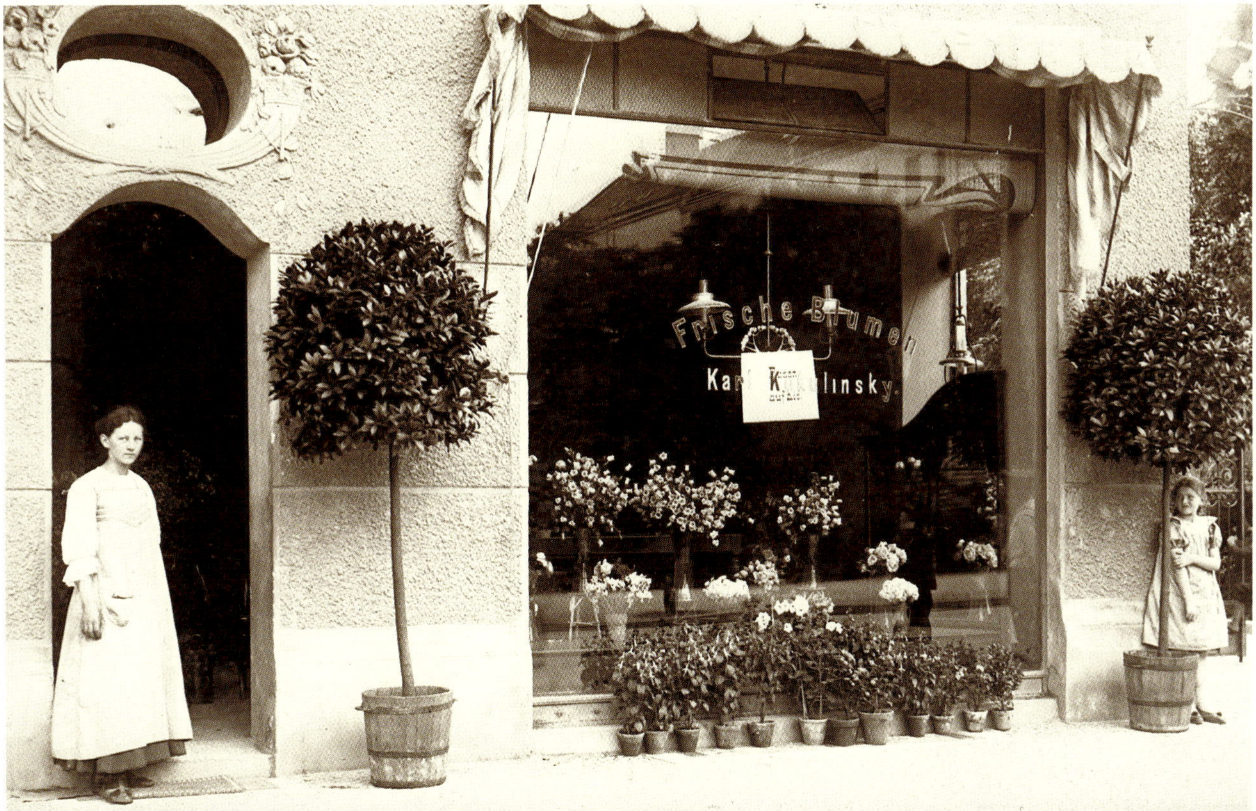

Blumenladen, Borussiastraße 59, Tempelhof, um 1910

Um Rosen länger frisch zu halten, wurden sie auf Eis transportiert und auch gelagert. Die Blumenhändler hatten ihre festen Verträge mit Gärtnereien, von denen sie täglich beliefert wurden. Sie waren auf den schnellen Umsatz angewiesen. Erst mit den Techniken des gekühlten Transports lohnte sich der industrialisierte Anbau von Blumen und ein entsprechender Großhandel.

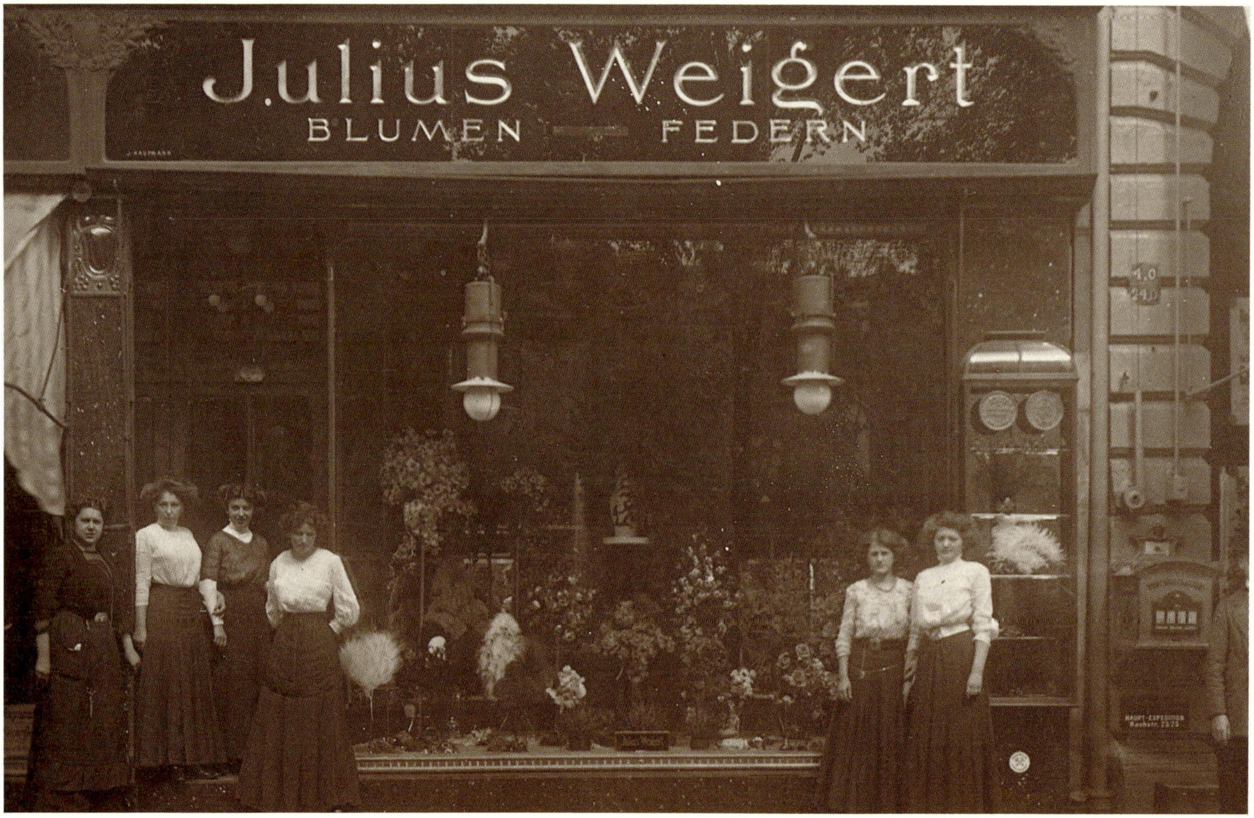

Blumen- und Federhandlung, Leipziger Straße 78, Berlin-Mitte, 1909

Das Berliner Großbürgertum liebte die sogenannten „Makart-Sträuße", üppige Bouquets aus frischen und getrockneten Blumen, Palmenwedeln und Federbüschen, wie sie der Wiener Maler Hans Makart populär gemacht hatte. Ein Berliner Blumengeschäft wurde bekannt dadurch, daß es seine Sträuße in einer durchsichtigen Glaskutsche, die einem Vogelbauer nachgebildet war, auslieferte.

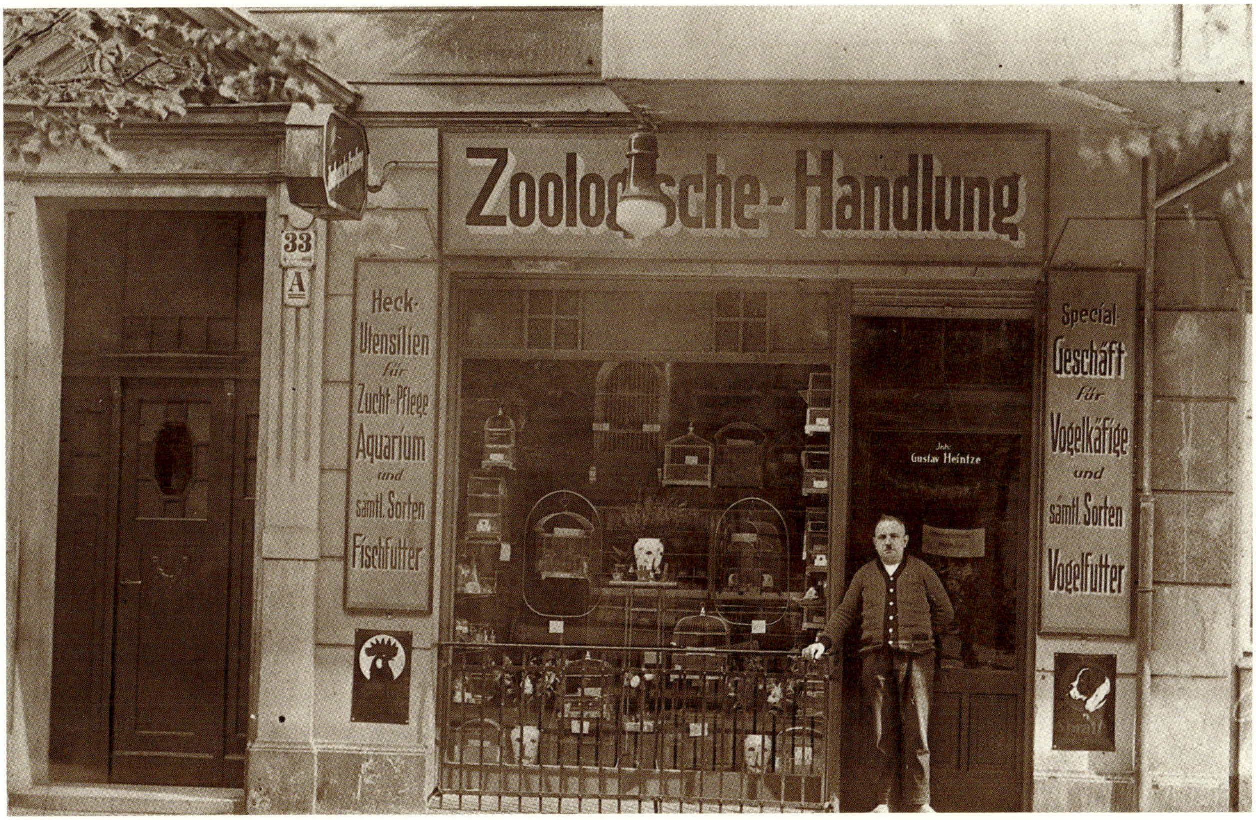

Zoohandlung, Weichselstraße 33, Lichtenberg, 1928

Diejenigen, denen es möglich war, zogen aus, um die Pflanzen und die Tiere in der freien Natur zu beobachten. So fern die Natur der Großstadt rückte, so sehr entwickelte das bürgerliche Berlin ein schon fast wissenschaftliches Interesse an zoologischen und botanischen Sachverhalten. Man entfaltete eine rege Sammlertätigkeit und suchte, die verschiedensten Tiere auch in der Wohnung zu halten. Der Zoologe Ludwig Heck, Direktor des Berliner Zoos, war einer der Pioniere in der Entwicklung von Techniken für die Zucht und Pflege von Zierfischen in Aquarien.

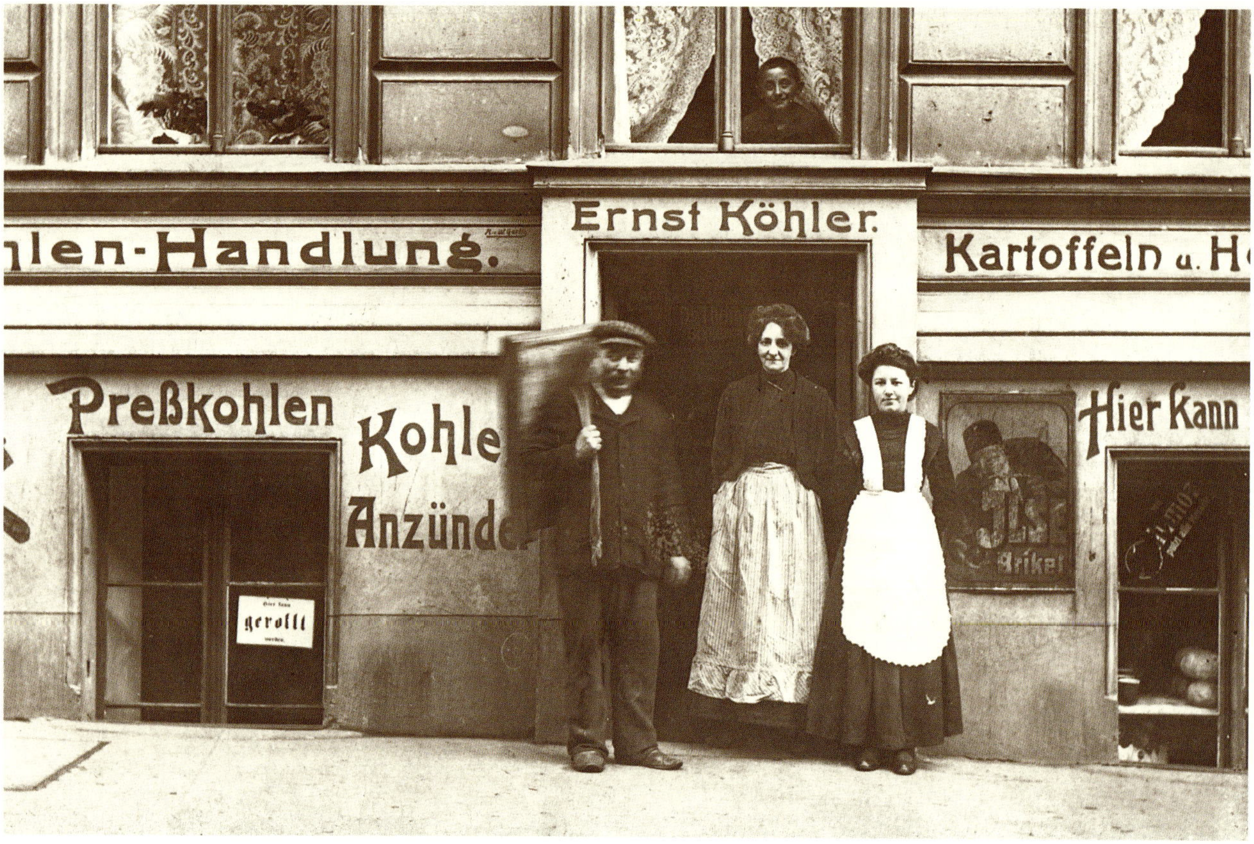

Kohlenhandlung, Höchste Straße 51, Friedrichshain, 1911

Auf Kohlen und Kartoffeln waren auch die Ärmsten der Armen angewiesen. Die Kohlenhandlung ist zentraler Bezugspunkt im Kampf um das tägliche Überleben, dessen Einengung durch eine Umfrage in Berliner Volksschulen von 1912 charakterisiert wird: 70% der Volksschüler wußten nicht, was ein Sonnenaufgang ist, 49% hatten noch keinen Frosch gesehen, 53% keine Schnecke, 66% waren noch nie auf einem Dorf gewesen, 67% kannten keinen Berg und 89% keinen Fluß. Die ganze Welt bestand für diese Kinder aus ihrer Wohnung in einer Mietskaserne und ihrer unmittelbaren Nachbarschaft.

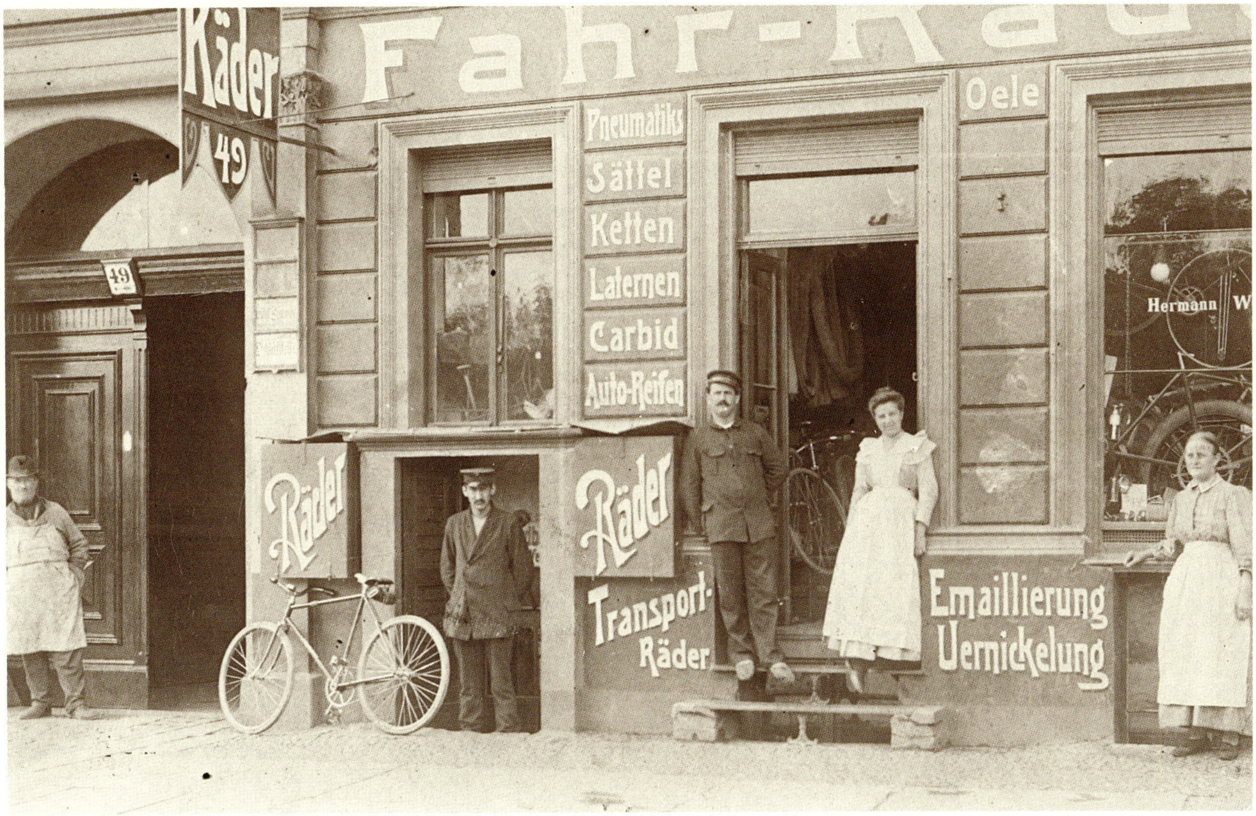

Fahrradhandlung, Bergstraße 49, Berlin-Mitte, 1908

1908 gibt es in Berlin allein insgesamt 88 Firmen, die Fahrräder oder Fahrradzubehör herstellen und auch verkaufen. Das Fahrrad ist einer der ersten Gegenstände, die eine starke Verbilligung durch die konsequente Industrialisierung der Produktion erfahren. Kostete ein Fahrrad noch zum Ende des letzten Jahrhunderts 500 Mark, so war der Preis jetzt auf 150 Mark, gelegentlich sogar auf 75 Mark gesunken. Kleinere Fahrradproduzenten konnten oft nur dadurch überleben, daß sie gänzlich auf die Montage vorgefertigter Fahrräder und damit auf den Handel umstiegen. Gleichzeitig verkauften Fahrradhändler auch Nähmaschinen.

Selbst an einem kleinen Eisladen wird der Fortschritt durch die Elektrifizierung deutlich. Erst als die alte handbetriebene durch die elektrische Eismaschine abgelöst wurde, konnte man so viel Speiseeis herstellen, daß die

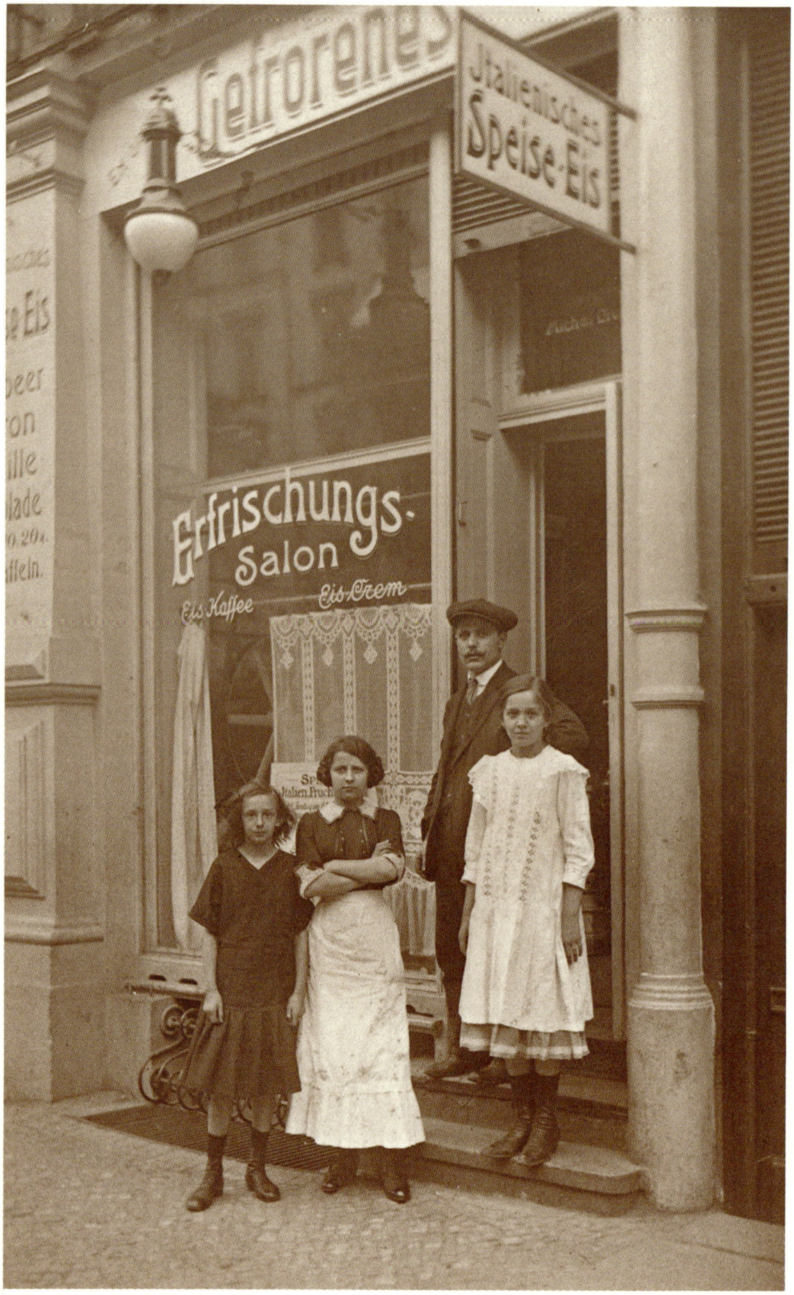

Produktion ein eigenes Ladengeschäft trug. „Vanille mit Berliner Luft" hieß eine Spezialität: Vanille-Eis mit einer Haube aus Vanille-Schlagsahne mit geriebenem Pumpernickel und einer Prise Kakaopulver.

Eiscafé, 1913

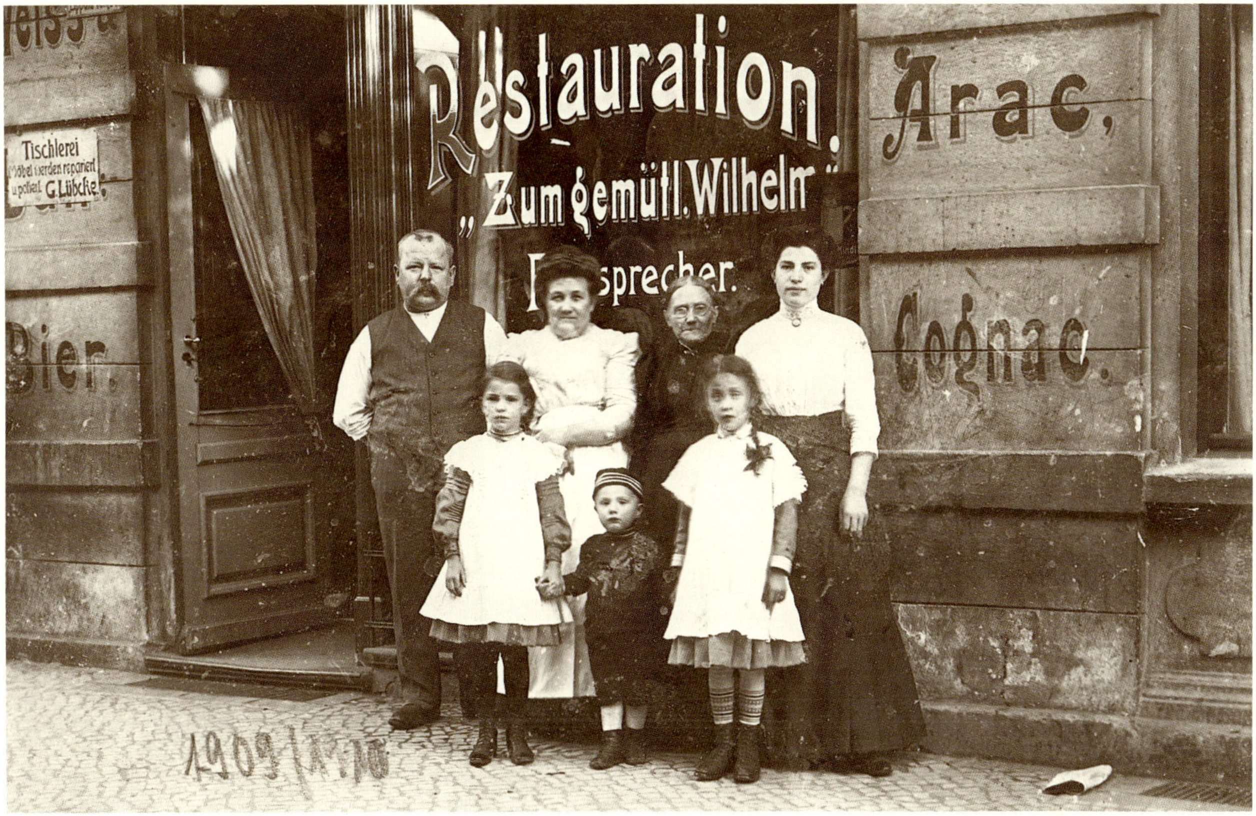

Kneipe, Bodestraße 15, Berlin-Mitte, 1910

Aus Ostpreußen, Pommern, Schlesien und Mecklenburg erhält Berlin stetigen Zuzug junger Leute, die, vom Glanz der Großstadt angezogen, hier ihr Glück versuchen wollen. Schon vor der Jahrhundertwende waren über 80% der Bauarbeiter keine gebürtigen Berliner. Ähnliches galt für das Transportgewerbe und die Versorgung mit Lebensmitteln. Viele junge Männer, die so nach Berlin kommen, müssen sich mangels Besserem zunächst eine Schlafstelle mieten. In der Wohnung dürfen sie sich nur während der gemieteten Stunden über Nacht oder am Tage aufhalten. So teilen sich oft mehrere Erwachsene ein Bett. Für sie muß die Fürsorge durch Frau, Tochter oder Mutter dieses Kneipenwirts auch ein Stück Heimat ersetzen.

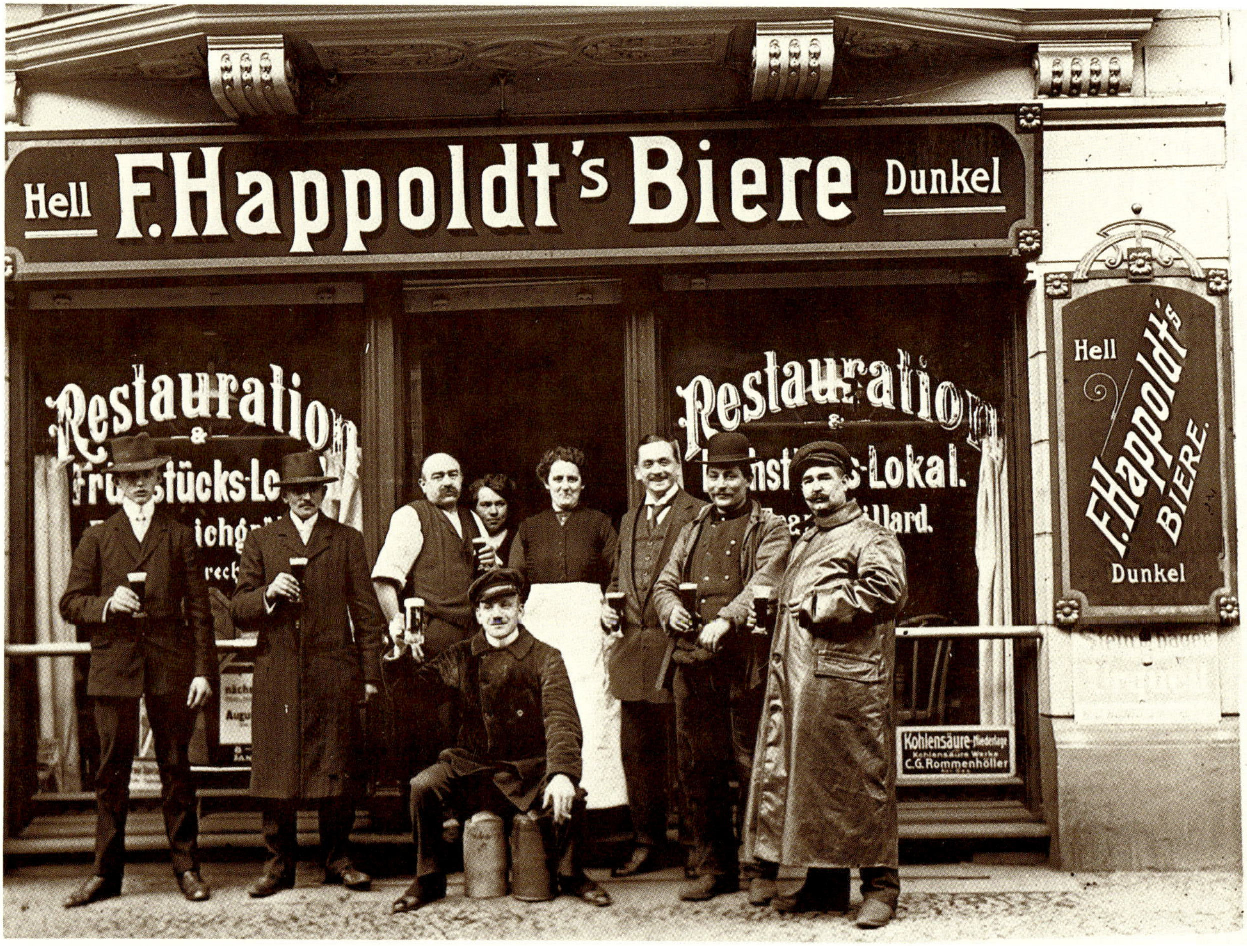

Kneipe um 1911

Die Welt der Kneipen ist die Welt der Männer. Hier treffen sie sich schon beim Frühstück, und hierher flüchten sie vor der häuslichen Enge. Gegen Bier und Schnaps und gegen das Kneipenunwesen machten die einflußreichen Alkoholgegner und Abstinenzlerbünde Front. Ein Antialkoholgesetz, das zu Anfang des Jahrhunderts ins Haus steht, kann nur durch den politischen Einfluß der Bierbrauer und ihrer Aktionäre abgewehrt werden.

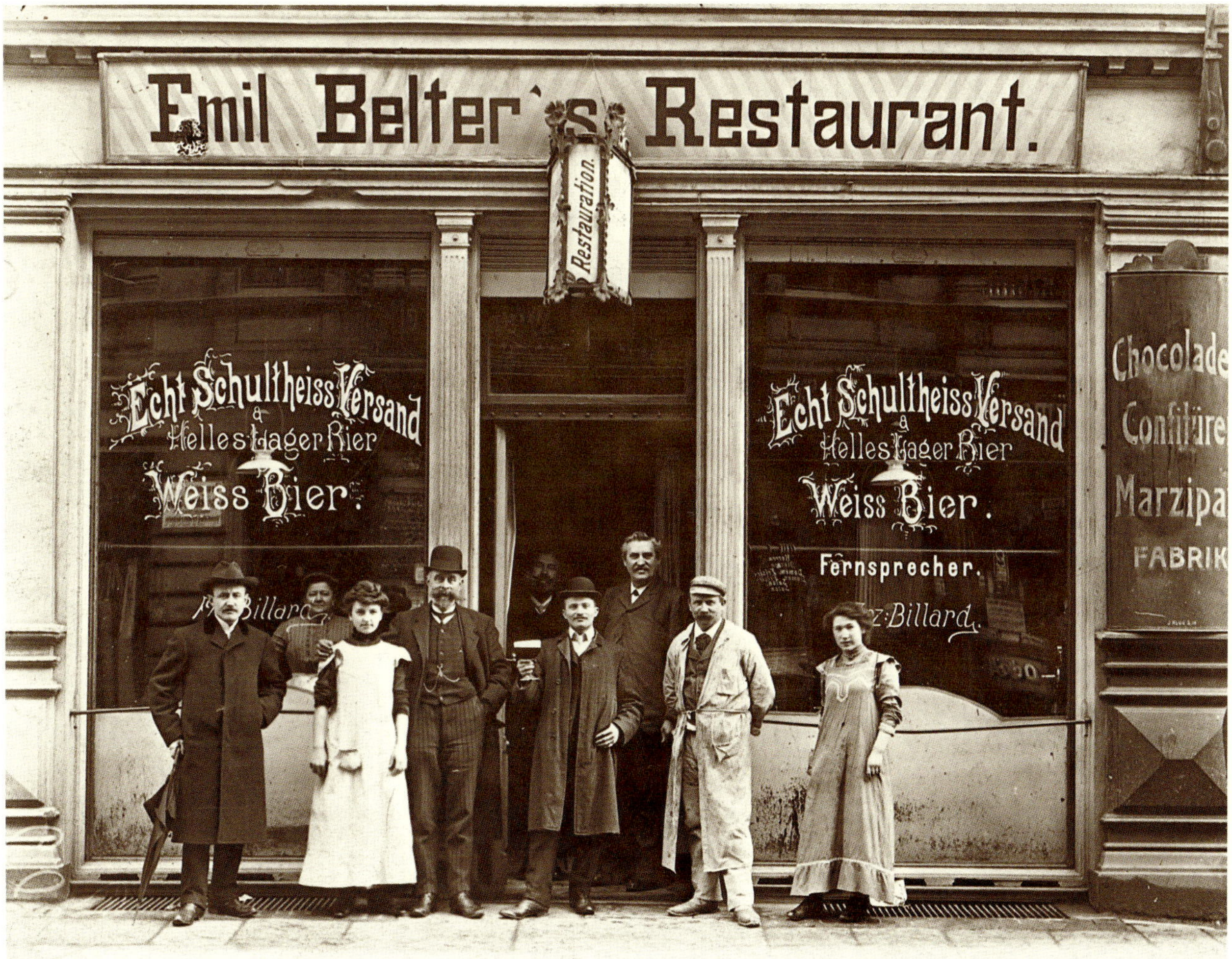

Kneipe, Neue Königstraße 60, Berlin-Mitte, um 1905

„Versand" hieß ein Bier von dunkler, Münchener Farbe, das die Brauerei Schultheiß zum Ausschank brachte. Wie nie zuvor wurde im heißen Sommer 1904 in Berlin Bier verkauft. Der Berliner Bauboom zog ein Heer von Bauarbeitern an, die hier vorübergehend Arbeit fanden und den Aktionären der Brauerei Schultheiß zu der Rekorddividende von 18% verhalfen. Pro Einwohner Berlins werden 1904 mehr als 215 Liter Bier getrunken.

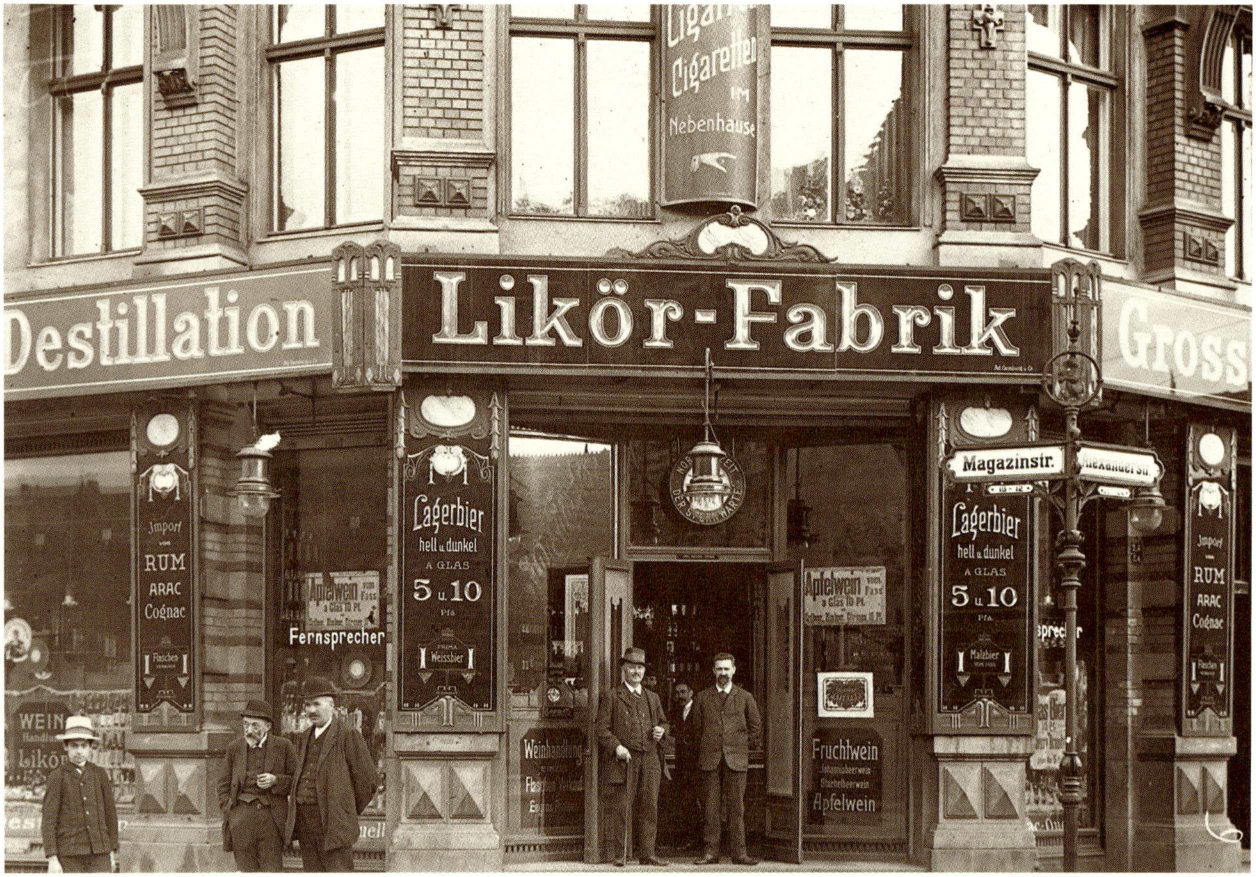

Likörfabrik/Kneipe, Alexanderstraße/Ecke Magazinstraße, Berlin-Mitte, 1911

Die Gastwirte waren in vielen Häusern die ersten, die sich ein Telefon zulegten. Der Fernsprecher war – gegen entsprechende Bezahlung – den Gästen zugänglich, die sich hier auch anrufen ließen. Wirt und Stammgäste hörten häufig, was da gesprochen wurde. Man kannte sich gut und pflegte eine intensive Nachbarschaft.

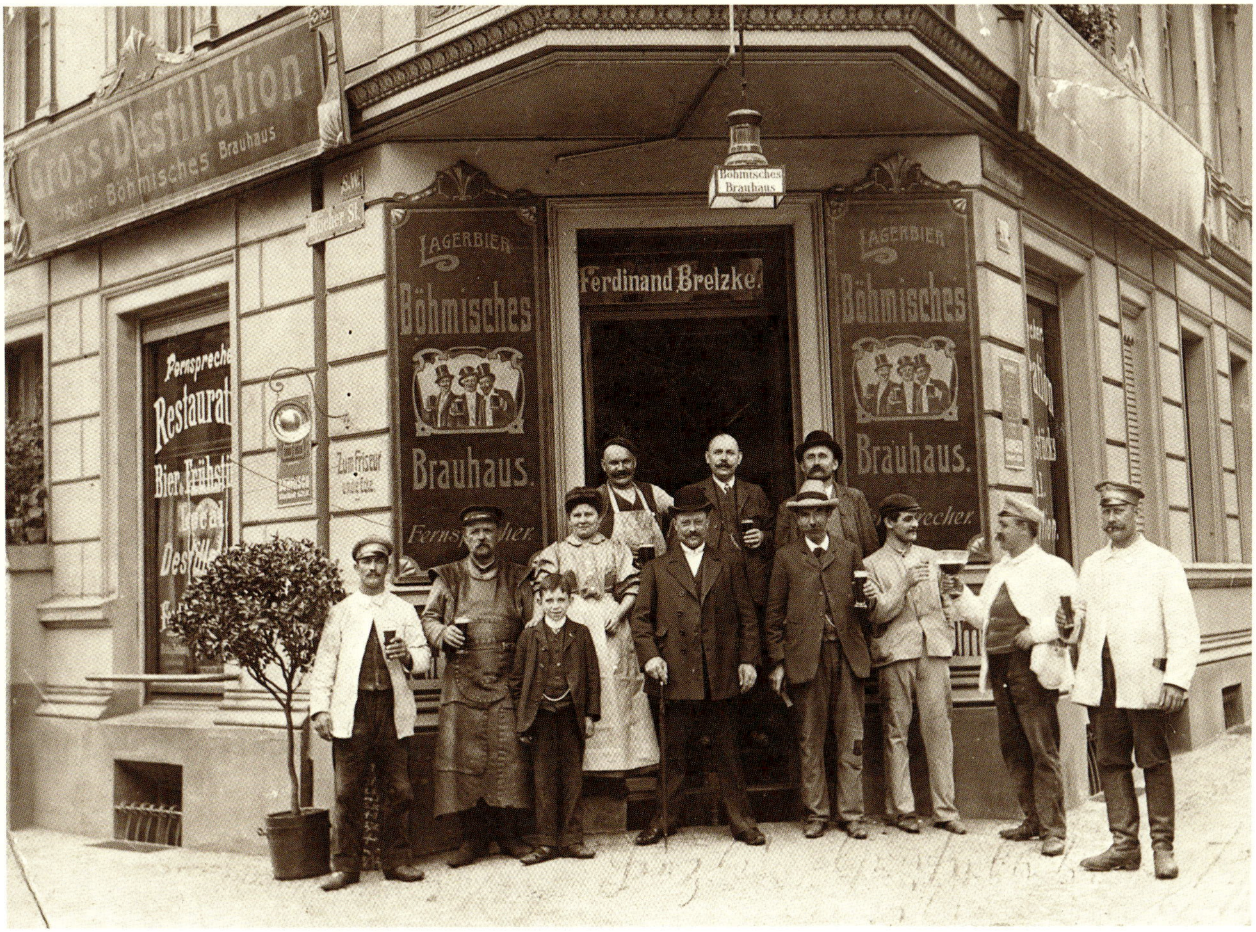

Restaurant, Blücherstraße/Ecke Mittenwalder Straße, Kreuzberg, 1910

In Berlin, so sagte man, gab es an jeder Kreuzung fünf Eckkneipen. Mit Gaststätten wurde ein schwunghafter Handel betrieben. In der Hoffnung auf eine neue Freiheit und Selbständigkeit wurden Gaststätten häufig von nicht fachkundigen Wirten übernommen, die sich damit gegenüber Banken und Brauereien stark verschuldeten. Auf weniger als 200 Einwohner Berlins kam eine Kneipe. Da läßt sich unter Abzug von Frauen und Kindern schnell ausrechnen, wieviel Gäste auf einen Wirt kamen. Es verwundert nicht, daß neue Kneipen so schnell schließen mußten, wie sie aufmachten.

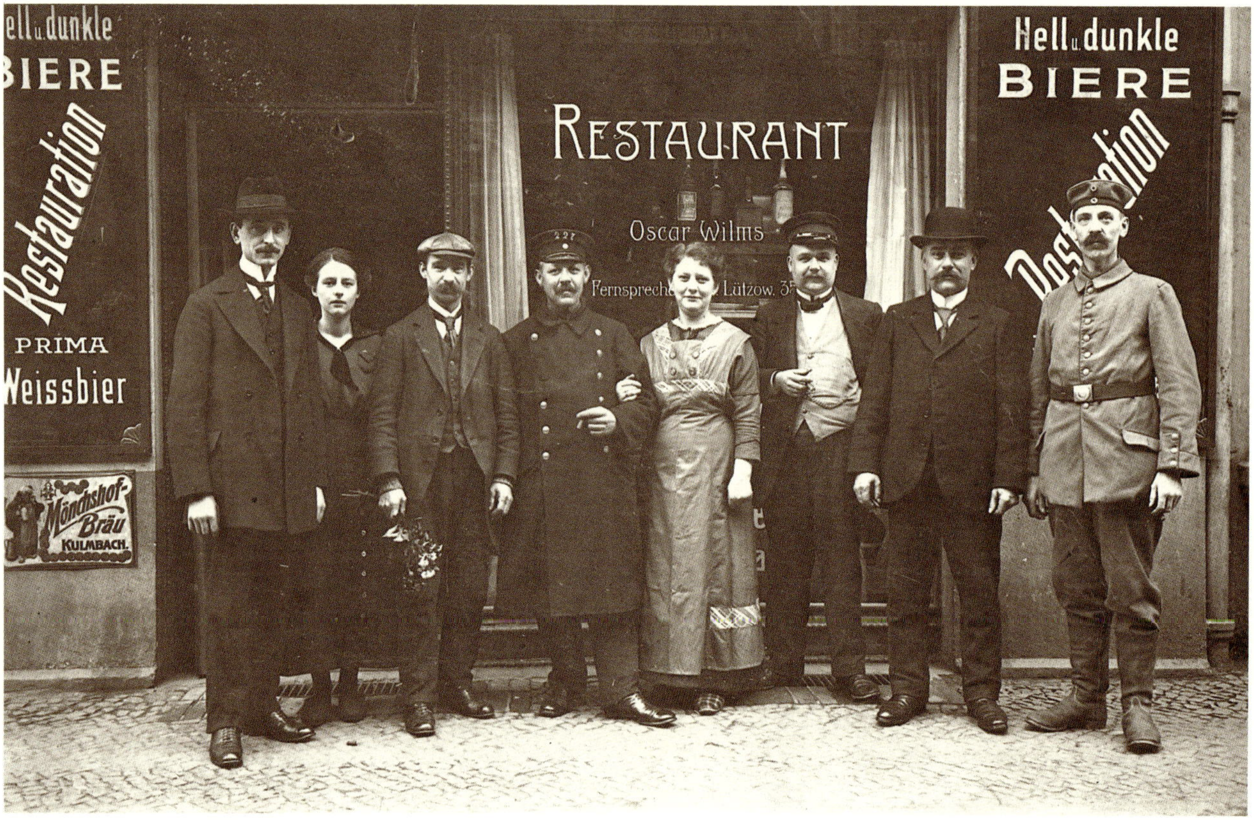

Kneipe, Gohtenstraße 22, Schöneberg, um 1915

1914 beginnt nicht nur für die 12 000 Berliner Gaststätten eine schlechte Zeit. Noch einmal treffen sich die Männer beim Stammtisch in ihrer Kneipe; dann ziehen sie in den Krieg. Mit Bier müssen die Brauereien vornehmlich das Heer und die Rüstungsbetriebe beliefern, und selbst damit wird es knapp. Viele der kleinen Restaurationsbetriebe überleben diese Zeit nicht und müssen aufgeben.

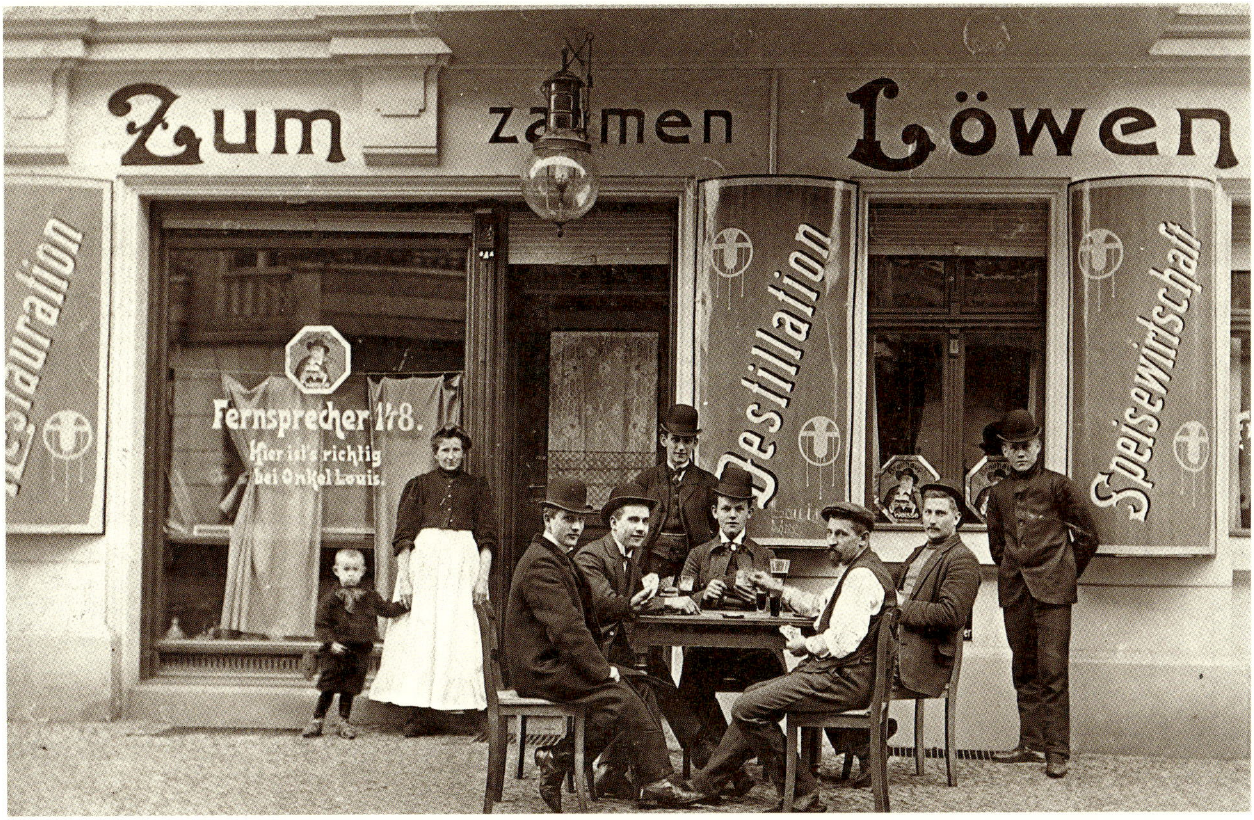

Gaststätte um 1906

Vielen Kneipen war eine kleine Destille angeschlossen, in der der Wirt seinen Schnaps selbst brannte. Vor allem aber wurden hier Liköre angesetzt. Dabei experimentierten die Gastwirte mit allerhand Zusätzen und Chemikalien, was, wie die Chronik berichtet, gelegentlich auch zu nicht so bekömmlichen Ergebnissen führte.

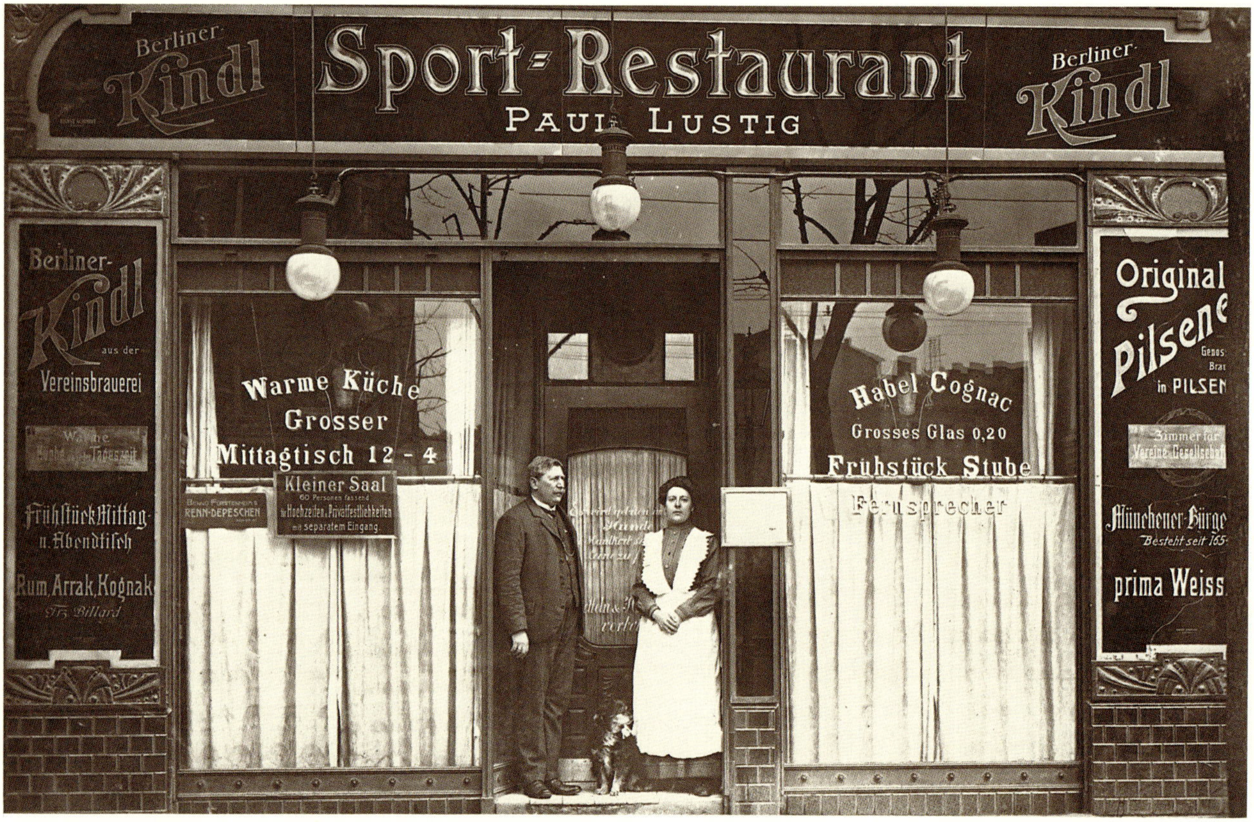

Restaurant, Berliner Straße 60, Rixdorf, 1911

Für das Überleben der Wirte war es wichtig, möglichst viele Vereine an ihr Lokal zu binden. Für irgend einen Sport- oder Turnverein, einen Berufsverband oder eine Gewerkschaft, einen Gesangverein oder eine politische Zusammenkunft stand immer ein Vereinszimmer bereit.

BARBARA TIETZE, geboren 1944 in Breslau, Studium der Psychologie. Seit 1976 Professor für Ergonomie im Bereich Industriedesign an der Hochschule der Künste in Berlin.

ULRICH FEUERHORST, geb. 1950, Studium der Wirtschafts- und Gesellschaftskommunikation, lebt seit 1971 in Berlin, betreibt seit 1978 eine Werkstatt für Mosaikverglasung in Berlin-Charlottenburg.

HOLGER STEINLE, geb. 1948, Wirtschaftsingenieur, Dr. Ing. und Dr. rer. pol., lebt seit 1968 in Berlin, Projektleiter am Arbeitswissenschaftlichen Forschungsinstitut GmbH.

Bildnachweis
Die Fotografien stammen aus folgenden privaten Archiven
Kurt Böttcher: 13, 14, 16, 18, 26, 29, 30, 34, 39, 41, 44, 45, 49, 52, 53, 59, 61, 63, 67, 70, 71, 73, 76
Ulrich Feuerhorst: Umschlagfoto, 4, 12, 15, 17, 21, 22, 23, 24, 25, 28, 31, 32, 36, 40, 46, 47, 48, 56, 57, 58, 62, 64, 65, 68, 77, 78, 79, 80, 81, 82, 83, 84
Manfred Langehennig: Titelfoto, 8, 9, 10, 11, 20, 27, 33, 38, 42, 50, 55, 66, 72, 74
Wilfried Schlepegrell: 19, 35, 37, 43, 51, 54, 60, 69, 75

Weitere Berliner Fotobücher aus der Nicolaischen Verlagsbuchhandlung:

Berlin – Landschaften am Wasser
Fotos von Carl Hatebur, Texte von Peter Baumann,
124 S. mit 90 Abb. in Farbe, Großformat, Leinen DM 68,–

Berlin – Denkmäler einer Industrielandschaft
Fotos von Manfred Hamm, 144 S. mit 24 Abb. in Farbe und 98 Abb. im Duoton, Großformat, 2. Auflage,
Leinen DM 58,–

Berlin – Landschaften einer Stadt
Fotos von Manfred Hamm, 156 S. mit 26 Abb. in Farbe und 90 Abb. im Duoton, 3. Aufl., Broschur DM 38,–,
Leinen DM 48,–

Wilmersdorf – Ein Bezirk von Berlin
Fotos von Barbara Schneider, Text von Georg Holmsten,
86 S. mit 16 Abb. in Farbe und 56 Abb. im Duoton,
Leinen DM 29,80

Grenzbegehung – 161 Kilometer in West-Berlin
Fotos von Hans W. Mende, Text von Janos Frecot,
72 S. mit 62 Abb. im Duoton, Broschur DM 25,–

'Ne Menge Arbeit – Ungewöhnliche Berufe in einer Großstadt
Ein Berliner Fotobuch von Klaus Hemme, Wolfgang Hermann und Barbara Tietze, 124 S. mit 120 SW-Abb.,
Broschur DM 29,80

Berlin Graffiti
Fotos und Text von Hans-Jürgen Raabe, 80 S. mit 70 SW-Abb., Broschur DM 25,–